中国符号

中国神话

朱辉
【主编】

郭斐
【著】

河海大学出版社
HOHAI UNIVERSITY PRESS
·南京·

图书在版编目（CIP）数据

中国神话 / 郭斐著. -- 南京：河海大学出版社，2024.12. -- （中国符号 / 朱辉主编）. -- ISBN 978-7-5630-9547-6
Ⅰ．B932.2-49
中国国家版本馆 CIP 数据核字第 2024VV2684 号

丛 书 名 /	中国符号
书　　名 /	中国神话 ZHONGGUO SHENHUA
书　　号 /	ISBN 978-7-5630-9547-6
责任编辑 /	彭志诚
丛书策划 /	张文君　李　路
文字编辑 /	朱梦楠
特约编辑 /	翟玉梅
特约校对 /	李　萍
装帧设计 /	朱文浩　刘昌凤
出版发行 /	河海大学出版社
地　　址 /	南京市西康路 1 号（邮编：210098）
电　　话 /	（025）83737852（总编室） （025）83722833（营销部）
经　　销 /	全国新华书店
印　　刷 /	廊坊市印艺阁数字科技有限公司
开　　本 /	880 毫米 ×1230 毫米　1/32
印　　张 /	8.625
字　　数 /	206 千字
版　　次 /	2024 年 12 月第 1 版
印　　次 /	2024 年 12 月第 1 次印刷
定　　价 /	89.80 元

序

我们知道，符号是一种标识或印记。它是人类生命活动的积淀，具备明确而且醒目的客观形式；也是精神表达的方式，承载着丰富的意义。文化符号，可以说是一个民族的容颜。

一国与他国的区别，很重要的是精神和文化。中国历史数千年，曾遭遇无数次兵燹和灾害，却总能绝处逢生，生生不息，至今仍生机勃勃，是因为我们拥有着深入血液、代代相传的强大文化基因。我们生于斯长于斯，身上都流淌着饱含中华文化基因的血液。

文化发展浓缩到一定火候，自然会拥有符号功能，产生符号意义。中华文化以其鲜明的外在表现和深刻内涵，凸显着我们的屹立于世界民族之林的独特形象。

作为符号的中华文化，遍布中华大地，也潜藏于我们的心灵。我们在很多古宅前见过"耕读传家久,诗书继世长",这是中国家庭的古训,耕田事稼穑,丰五谷,养家糊口,以立性命;读书知诗书,达礼仪,修身养性,以立高德。类似的楹联还有很多。再说匾额,"正大光明"悬于庙堂之上,"紫气东来""和气致祥""厚德载福"则多见于官邸民宅。它们是中华景观的点睛之笔,也是我们的精神底蕴。

文化需要我们的珍视。都听过二胡曲《二泉映月》,但这首曲子也曾命悬一线。1950年,华彦钧贫病交加,栖身于无锡雷尊殿,已不久于人世,南京国立音乐院教授杨荫浏偶然间得知此曲,很快找到了阿炳,他们用当时少见却算是先进设备的钢丝录音机,录下了阿炳自称"二泉印月"的杰作。他们又录下了二胡曲《听松》和《寒春风曲》,第二天,还录下了琵琶曲《大浪淘沙》《昭君出塞》《龙船》。其时阿炳已沉疴在身,衰弱不堪,当年年底,阿炳就去世了,这六首弥足珍贵的录音就成了阿炳的稀世绝唱。这曲早已走向世界的音乐,如果不被抢救,恐怕早已湮灭。

文化是坚韧的,但文化的载体或结晶有时却也很脆弱。外国人建造宫殿主要用石头,而我们主要用木材和砖头,这也是我们的古代宫殿难以保存千年的原因之一。家具则无论中外,都是木质的,相对于我们漫长的文明,家具显然脆弱娇贵。启功先生以"玩物不丧志"誉之的王世襄先生,

精于古代家具、漆器、绘画、铜佛、匏器的研究，对明代家具和古代漆器尤有贡献。他早年在燕京大学接受西式教育，却醉心于中国古代器物，穷毕生之力，搜集了无数珍贵文物，并为它们做出了科学便捷的索引。他的代表作《明式家具研究》已成为众多爱好者的工具书，上世纪90年代出版后，有晚辈因书价昂贵有所抱怨，王世襄先生闻之，专门登门赠书，以泽后人。黄苗子先生谓其"治学凭两股劲：傻劲和狠劲"；杨乃济先生评其"大俗大雅，亦古亦今，又南又北，也土也洋"；张中行先生感叹"唯天为大，竟能生出这样的奇才"，博雅的王世襄先生当得起如此赞誉。2003年现身于公众面前的唐"大圣遗音"伏羲式琴，就是王世襄先生丰赡收藏中的一件，世人何其有幸，终于聆听到大唐盛世的悠扬琴音。

　　这样的故事还有很多。随着时代进步和科技发展，某些文化器物的实用性、功能性可能逐渐减弱乃至丧失，但是它们对人类的精神活动却具有巨大的影响，它们在创新中弥散、繁衍。研物可立志，在研究和把玩琢磨中，中华文化在现实生活和全球竞争中焕发出了新的生机。我们的传统服饰，近年来就常常成为国际品牌的流行元素；"功夫熊猫"早已成为国人自豪的网络热语；大型游戏《黑神话：悟空》2024年横空出世，成为一时之热，我们理应向明万历年间的南京书商"金陵世德堂唐氏"致以最诚挚的敬意,他们以《新刻出像官板大字西游记》之名出版了神魔小说《西游记》。没有《西游记》作者不计名利的心血,没有出版家的独到眼力,就没有在一代人的记忆中留下深刻印记的周星驰系列电影,当然也不会有在大小屏幕上闪烁的《黑神话:悟空》。《黑神话:悟空》风靡全球,还将不断孳生繁衍,这就是文化的软实力。

中华文化丰富而多元。《中国符号》第一辑含括了节气、家训、民俗、诗词、楹联、瓷器、建筑、骈文、汉字、绘画,现在摆在我们面前的匾额、家具、剪纸、科举、乐器、神话、石窟、书法、书院、篆刻等,是"第二辑"。第二辑并非第一辑的简单补充,它们均是我们灿烂文化的一部分,都是中华文化最璀璨的亮点。从文化的表现形态看,如果我们把匾额、剪纸、书法、篆刻等理解为二维表达,石窟、家具就是三维,而音乐、神话、书院、科举则是多维或制度性的,它们弥散在文明的光阴中,将伴随着漫长的时光,与我们的文明一起走向世界,走向遥远的未来。

《中国符号》第二辑的出版令人欣慰。多位专家学者贡献了学识,付出了努力。它对弘扬中华文化,帮助读者尤其是青年学生了解中华优秀传统文化,必定有所助益。

是为序。

朱辉

目录

第一章 中国神话的起源 壹

- 003 · 第一节　什么是神话
- 005 · 第二节　中国神话的产生和记录
- 009 · 第三节　中国神话的审美特性

第二章 中国神话的分类

贰

017 · 第一节 按形态划分

020 · 第二节 按内容划分

第三章 中国神话的意象表达

叁

038· 第一节　日

043· 第二节　月

050· 第三节　龙

057· 第四节　凤凰

060· 第五节　狼

064· 第六节　鸟

第四章 中国神话的流变

肆

073・第一节　神话历史化

081・第二节　仙话

101・第三节　传说

第五章 中国神话与宗教

伍

115・第一节　中国神话与原始宗教

122・第二节　中国神话与儒教

134・第三节　中国神话与道教

147・第四节　中国神话与佛教

第六章 中国神话对文学的影响

陆

157·第一节　神话是文学创作的重要题材

168·第二节　中国神话对文学叙事文体的影响

177·第三节　中国神话对文学艺术风格的影响

第七章 中国神话研究 柒

183・第一节　近现代的神话研究

200・第二节　经典神话形象流变

224・第三节　国外的中国神话研究

第八章 少数民族的神话

237 · 第一节　少数民族神话的遗迹

243 · 第二节　少数民族民间神话

249 · 第三节　少数民族史诗神话

第一章 中国神话的起源

第一节　什么是神话

什么是神话？广义地说，就是关于神的故事。狭义地说，是反映人类原始思维和想象的一种文化现象。就其产生的原动力而言，神话始于早期人类在社会实践中感受、解释、征服自然的愿望，其内容涉及宇宙的起源、英雄人物、生活习俗、重大社会事件、社会秩序等。原始社会生产力水平比较低下，面对变化莫测和难以控制的大自然，人类内心会自然而然地产生向往且敬畏的情感。特别是当面对一些重大的自然灾害时，如洪水、地震、泥石流等，以及人类自身生老病死等现象，在内心好奇和惊恐的作用下，人类也生出了对自然灵力的原始崇拜和种种幻想。随着语言的产生，人类得以以此为媒介表达自己的内心世界和情感，以故事的形式表达对自然、社会现象的认识，以及对未知世界的猜想，神话就此产生。

今天汉语里的"神话"一词是从日语里转译过来的。日语的"神话"一词来源于英语 myth，德语 mythe、mythos、mythus 和法语 mythe 等词，这些词同源于希腊语 muthos、mythos，原意是关于神、神奇事物的故事或叙事。在不同的研究领域，对"神话"的内涵和外延有不同的理解和表达。英国学者柯克在《论神话的界说》中坦言,"没有一个神话定义能轻而易举地揽括所有这些可能的功用,因为这些功用彼此重叠交错却并不一致"。在宗教徒眼中,神话是"上帝的语言",与某种宗教仪式密切相关。在人类学视角下,"神话"是一种与历史相关的、讲述万物起源和英雄事迹、具有重要文化作用的故事。在民俗学领域,"神话"是关于人类和世界如何产生、发展的叙事性解释。

中国学者在神话定义方面也作出了许多积极的探索。神话学家袁珂在20世纪80年代的《再论广义神话》一文中就曾提出过"广义神话"的概念:"广义神话,其实就是神话,它不过是扩大了神话的范围,延长了神话的时间;它只是包括了狭义神话,却没有否定狭义神话。狭义的神话,仍然可以作为学者们研究的核心。但是,过去一般多从文学艺术的角度去研究神话,这是不够的,还须要从神话本身具有的多学科性去研究神话,这就必须扩大神话的范围;过去研究神话,多把神话限制在'上古'、'古代'这样一个比较狭小的时间圈子里,这也是不够的,还须从这个圈子里跳出来,看到后世也有神话,直到今天,还未断绝。总之一句话,就是今后我们研究神话,要将'神话'这个概念尽量放大些,把神话研究的视野尽量放开阔些。"陈建宪在《神话解读——母题分析方法探索》中将神话划分为原生态神话、再生态神话、新生态神话和衍生态神话。杨利慧在《神话与神话学》一书中指出:"神话是有关神祇、始祖、文化英雄或神圣动物及其活动的叙事,它解释宇宙、人类(包括神祇与特定族群)和文化的最初起源,以及现时世间秩序的最初奠定。"综观对神话概念的各种界定,当前神话学研究领域更多还是关注"狭义的神话"。

第二节　中国神话的产生和记录

虽然现代汉语的"神话"一词是从外文转译而来的,但是中国神话的产生、发展却具有非常悠久的历史。早在远古时代,中国就有着丰富多彩的神话传说。已出土的远古资料为神话传说的源远流长提供了充分的佐证。辽宁省牛河梁红山文化"女神庙"遗址的彩绘女神像、阴山岩画中娱神拜日的形象、连云港将军崖岩画中的众多天神像、随县擂鼓墩1号墓内棺上手执双戈戟守卫的神像、长沙子弹库出土的楚帛书上的十二月神图等,这些出土文物中的大量神形刻绘充分反映了中国上古时代相当发达的神话思维。遗憾的是,由于年代久远,加之儒家文化对神话采取排斥的态度,致使中国上古神话在古籍文献中的载录流传甚少,资料也零碎散乱,没能像古希腊神话那样被完整系统地保存下来。

在我国古代浩如烟海的文化典籍中,《山海经》[1]是保存中国神话资料最多的一部文献,记载最为集中,最接近神话本来的面貌,最具有神话学价值。其余神话材料则散见于经史子集各类书籍中,往往都是只言片语的形态,大多没有完整的故事情节。

汉代学者刘向、刘歆认为,《山海经》的作者是大禹及其属臣益,认为该书编著时间为上古虞夏之际。历代学者考证后得出的结论是,书中大量神话源自上古时期的口耳相传,但全书并非都是虞夏之物。现代学者普遍认为《山海经》并非作于一

---

[1]《山海经》:先秦古籍,具体成书年代及作者不详。现存共十八卷,其中《山经》五卷、《海外经》四卷、《海内经》五卷、《大荒经》四卷,共三万一千余字。主要记述古代地理、物产、神话、巫术、宗教、古史、医药、民俗、民族等方面的内容,具有很高的学术价值。

人一时,而是历经漫长的时间,由不同时代的巫觋、方士等根据流传的一些材料编选,再由后人加工修改,不断增益成书,约成于战国初年至汉代初年间,一定程度上具有民间原始宗教的性质。现存《山海经》共十八卷,其中《山经》五卷、《海外经》四卷、《海内经》五卷、《大荒经》四卷,共三万一千余字。书名《山海经》最早见于《史记·大宛列传》,其中"山海"的概念涵盖了名山浩海之间的大千世界,有普天之下和全世界的含义;"经"则是"经历、经过"的意思,有别于儒家"经典"之义。后世流传的定本来自西汉末年刘向、刘歆父子校勘整理的版本。概括地说,《山海经》是上古先民对自己所经行的世界的认识和记述。全书记载山名有五千三百多个,水名有二百五十余处,动物有一百二十余种,植物有五十余种。书中随处可见的山名和水名常常能与古代地名互相印证,且有很多名称沿用至今,如对琅琊台、蓬莱山、会稽山的方位描述非常清晰准确,与它们今天实际的方位基本一致。从《山海经》的形态来看,其比较接近地理书,因此,历来目录学家多将它分列在地理类。随着文学的发展,又有学者将它列在小说类,但仍不足以概括它的全部真实性质。《山海经》内容驳杂,除了神话传说、宗教祭祀之外,还涵盖了上古时期地理、历史、民族、天文、生物、医药、矿产等多方面内容,内涵之丰富,难以一言以蔽之。

《山海经》中保留的神话相当古老,是原始状态的神话。其中有大量对山神形貌的记载和描述,如龙身人面的山神、人面马身的山神等,这些光怪陆离的神仙形象兼具人和动物的形体特征,蕴含着自然崇拜、图腾崇拜、祖先崇拜的意识,是上古人类思维的投影。《海经》和《大荒经》中记录了一些异国人的奇异相貌、习性习俗,如羽民国、贯胸国、长臂国、大人国、小人国、不死国等,具有浓厚的神话色彩。神话传说散布《山海经》全书,虽是片段零散的,但经过连缀组合,有的人物已有清晰的轮廓,如大禹、帝俊、西王母等;有的故事已有完整的情节,如夸父逐日、精卫填海、刑天舞干戚、鲧禹治水等。这些想象奇特的神话故事深入人心、流传广远。总而言之,《山海经》是我国古代神话的一座宝库,对我国神话传说的传播和研究起着举足轻重的作用。

《诗经》《楚辞》两部诗歌总集中,有多个取材自神话的诗篇,如《诗经·商颂·玄鸟》《诗经·大雅·生民》,分别讲述了商部族的始祖契和周部族的始祖后稷诞生的神话故事;《天问》以问句的形式书写,运用了大量的神话素材,较好地保留了原始神话的本来面貌,遗憾的是只问不答也给后世留下了中国神话的诸多谜团;《离骚》中纷至沓来的各种神灵正是神话入诗现象的投影。诸子散文中援引神话最多的当属《庄子》。《庄子》自称"寓言十九",其中的很多寓言就是神话以及对神话的改造,如鲲鹏之变、倏忽凿混沌等。庄子原系楚国公族,是楚庄王后裔,自小接受了裹带着原始巫祝色彩的楚地文化滋养,从中国两大神话系统——蓬莱神话和昆仑神话中都汲取了丰厚的养分。在他汪洋恣意的笔端,四季山河、珍禽异兽皆能语、有情感。庄子用荒诞瑰丽的语言对已有的神话进行加工改造、对零散神话进行化用重构,将神话哲理化。《孟子》《墨子》《韩非子》中也有一些神话材料。《左传》《国语》《逸周书》《穆天子传》等史书中也保留了一些神话材料。如《左传·昭公元年》记载"昔高辛氏[1]有二子,伯曰阏伯,季曰实沈。居于旷林,不相能也。日寻干戈,以相征讨。后帝不臧,迁阏伯于商丘,主辰,商人是因,故辰为商星。迁实沈于大夏,主参,唐人是因,以服事夏、

---

[1] 高辛氏:帝喾,姬姓,名俊。五帝之一。生于高辛(今河南省商丘市睢阳区高辛镇),故号高辛氏。司马迁称其为黄帝的曾孙。

商。"这段话讲的是高辛氏（帝喾）有两个儿子，分别叫阏伯和实沈，两个儿子不和睦，经常互相攻打，高辛氏因此决定让两个儿子分别迁居，让他们各自管理自己的领域。将阏伯迁移到商丘，用大火星来定时节，商朝人沿袭下来，于是大火星成了商星。将实沈迁移到大夏，用参星来定时节，唐国人沿袭下来，以归服事奉夏朝、商朝。这个故事是上古初民对商星和参星永不相遇的自然现象所做出的神话释义。《吕氏春秋》和《淮南子》分别成书于战国和汉代，由多人编撰而成，保留了不少神话材料。如《淮南子》中对海外三十六国、昆仑山等神话的记录，记述了从西北到西南方，有修股民、天民、女子民、丈夫民、奇股民、一臂民、三身民等；从西南到东南方，有结胸民、羽民、裸国民、不死民、三头民等；从东南到东北方，有大人国、君子国、毛民、劳民等；自东北至西北方，有跂踵民、深目民、柔利民、一目民等。书中将昆仑山描述为禹用脚步丈量大地的起点，还叙述了禹用息壤填洪水、建设名山的场景。关于"九州八极"的具体内容在《淮南子》中虽没有明确阐述，但可推测"九州"可能指的是中国的九个主要的州，每个州都有其独特的地理特征和文化传统，而"八极"可能指的是中国的八个边远地区，每个地区都有其特殊的自然环境和人文景观。这些神话不仅浓缩了古人对世界的理解和想象，也反映了他们对生活的观察和思考，同时也为后人提供了了解古代文化和历史的重要线索。而中国古代著名的四大神话——女娲补天、共工触山、后羿射日、嫦娥奔月，都保留在《淮南子》中。尽管在西汉及此后文献中有新的神话故事出现，但后世作家对旧有神话进行补充改造的探索直至今天从未停止。

第三节　中国神话的审美特性

马克思在评价希腊神话时曾说,"希腊神话不只是希腊艺术的武库,而且是它的土壤"。我国神话流传下来的虽然不及希腊神话那样系统详备,但同样为后世文学提供了强大的艺术"武库"和"土壤"。中国古代神话对后世文学的深远影响一方面表现在为后世作家的文学创作提供了源源不断的素材,另一方面表现在文学创作的思维方式、表现手法、审美习性等。

一、非凡的想象力

马克思主义观点认为,神话是"通过人民的幻想用一种不自觉的艺术方式加工过的自然和社会形式本身"。[1]这种"幻想的艺术方式"正是想象力对神话的各种产生条件的统合。神话的主人公以自然神或神化的英雄人物为主。神话的情节往往与变化、法术和神力密切相关。神话思维认为,世界上实际存在着各种各样超自然的灵格,自然界和人类社会的一切事物、现象,都来自他们的灵格,并被灵格所掌控。从一个事物到另一个事物的变化往往不必经历"从量变到质变的过程",而是在想象力的作用下随时自由变化,如人变石头、动物变人、四肢五体变为四极五岳、神的彩色衣衫变成天边的五彩祥云,等等。先民通过想象对自然和社会的诸多疑惑进行解答。"原始思维或者说神话思维就这样为神话的产生提供了土壤,神话就是基于这种思维方式的支配而对世界和人类自身进行的一种充满想象的描述和阐释。"[2]

---

[1] 中共中央马克思、恩格斯、列宁、斯大林著作编译局. 马克思恩格斯选集第 3 卷 [M]. 北京:人民出版社,1972:113.

[2] 杨利慧. 神话与神话学 [M]. 北京:北京师范大学出版社,2009:25.

近现代不少学者在神话研究中表现出了对想象力的浓厚兴趣。在《屈子文学之精神》(1906)一文中,王国维从神话与文学的关系角度入手,考察了想象力和情感与文学之间的关系。他十分注意强调神话想象力对文学艺术创造的重要性,认为文学艺术创作的首要心理动力就是神话中所蕴含的丰富想象力。鲁迅则从起源论的角度,论述了神话想象力的特质,并在此基础上提出了"神思"观。"神思"即主体的想象力。他认为,想象力是原始先民思想观念和思维方式的结晶,是后世文学艺术创作和学术思想发展的根本。这种"神思观"是从神话的角度对刘勰《文心雕龙·神思》[1]的补充和发展。王国维和鲁迅在对神话与想象力关系的论述中表现出的敏锐洞察与一致推崇,印证了神话的深刻精神意蕴和审美价值。

想象力对于神话的本体性价值及其对文艺创作的重要性毋庸置疑,对审美活动也有重要意义。不同于古希腊神话中人神同形、神具有人的体态美的描述,《山海经》中多见半人半兽的"神"的形象。这种造型方式充分体现了先民非凡的想象力和创造力,寄托了先民对神的质朴、虔诚的崇拜之情和敬畏之情。兼具混沌性与神秘性的"神",代表了先民理想的审美范式。

---

[1]《文心雕龙》:南朝文学理论家刘勰创作的文学理论著作,成书于南朝齐和帝中兴元年至二年间,是中国现存最早的一部文章学论著。共十卷五十篇,分上下两编,各二十五篇,包括总论、文体论、创作论、批评论四个部分;总论含上编的《原道》至《辨骚》五篇,明确提出文学批评的根本原则,是全书的"文之枢纽";文体论含上编的《明诗》至《书记》二十篇;创作论含下编的《神思》至《总术》十九篇,论述了文学创作的基本方法;批评论含下编《时序》至《程器》五篇,论述批评鉴赏的方法和态度,品评历代作家的才能与贡献;最后一篇《序志》叙述作者写作此书的动机、态度和原则。

二、象征性叙述

　　神话反映了在生产力水平低下的远古时期,先民对自然和社会的观察和认识。神话思维与原始先民的心智能力密切相关。在原始先民的思维中,他们尚未将自身与自然界截然分开,在人和外界自然之间存在互渗关系。因此,他们在感知自然的过程中,逐渐形成了以己观感的神话思维特征。以神话中对自然现象的解释为例。"首生盘古,垂死化身。气成风云,声为雷霆,左眼为日,右眼为月,四肢五体为四极五岳,血液为江河,筋脉为地里,肌肉为田土,发髭为星辰,皮毛为草木,齿骨为金石,精髓为珠玉,汗流为雨泽……"(《绎史》卷一引《五运历年纪》[1])中国神话中创世神盘古不仅分开了天和地,也是天地之间万事万物的创造者。这种"垂死化身"的宇宙观,暗喻了人与自然的相互对应关系。《山海经·海外北经》中关于烛龙之神的记录,云:"钟山之神,名曰烛阴,视为昼,瞑为夜,吹为冬,呼为夏。不饮,不食,不息,息为风。身长千里,在无晵之东。其为物,人面蛇身,赤色,居钟山下。"这是以一些常见的人的生理行为来解释昼夜、四季、风等自然现象。原始先民以己观物、以己感物,以自己熟悉的人体本身为参照,解释自然万物。再以此为基础,从人体扩展到人的性情、行为方式、生活环境等。如《淮南子·天文训》中关于共工与颛顼相争为帝的记载,以共工怒而触不周之山来解释星系偏移西北、西北高东南低的地理形势。

　　在神话的象征性叙述中,即使是时间的流逝也可被具象为真实可感的情节。如"东方木也,其帝太皞,其佐句芒,执规

---

[1]《五运历年纪》:作者为三国时期东吴人徐整,字文操,豫章(今江西南昌)人。另著有《三五历纪》,为已知记载盘古开天传说的最早著作。

而治春。……南方火也,其帝炎帝,其佐朱明,执衡而治夏。……中央土也,其帝黄帝,其佐后土,执绳而制四方。……西方金也,其帝少昊,其佐蓐收,执矩而治秋。……北方水也,其帝颛顼,其佐玄冥,执权而治冬"(《淮南子·天文训》)。神话中的"四方",超越了几何空间视域的概念,将四季与某些特定的自然现象,时间、空间同一定的神明相对应,同时涵盖了特定的情感体验。

原始先民这种以自我为中心的思维特征渗透在几乎所有的神话中。原始思维的特点决定了原始先民尚不能利用抽象概念进行独立思考。神话思维本质上是象征性或隐喻性的思维方式,也就是说,象征和隐喻是神话叙述的具象思维方式。

三、强烈的情感体验

西周之前,以原始宗教文化为主,巫觋是文化的主要承担者。巫觋大都擅长歌舞音乐,在祭祀中以歌舞娱神、颂咏先祖。这种祭祀活动本身也是一种强烈的情感体验活动。据说是神农时代流传的一首农事祭歌《伊耆氏蜡辞》[1]云:"土反其宅,水归其壑,昆虫毋作,草木归其泽!"就是出自巫觋之手,是巫觋为驱祸祈福所作的咒语歌谣。《山海经·大荒西经》中记载的《九歌》是夏启得自"天",与夏代时的祭天活动相关。《诗经》中反映先祖诞生神话的《商颂》《大雅·生民》等也是宫廷巫师演绎的作品,与祭祀活动密切相关。巫觋凭借对自然和社会的认识理解,通过想象和情感的强化,以夸张的肢体和语言进行表达。随着神话形象的逐一登场、神话故事的发展演绎,蕴含其中的澎湃激情和鲜明情感色彩将表演者和观看者凝聚起来。

---

[1]《伊耆氏蜡辞》:"土反其宅,水归其壑。昆虫毋作,草木归其泽!"这是先秦时期的歌谣,出自《礼记·郊特牲》。全歌都是祈使语气,表达了远古时代人民在从事农业生产过程中想征服自然的理想和意志。

上古时期，巫史不分，史的职务起初也是宗教性的，这就导致在中国神话的早期材料中，表现出鲜明的对历史的关注。如《诗经》中被看作"周族史诗"的《生民》《公刘》《绵》《皇矣》《大明》等，记载了后稷[1]的神异诞生，叙述了部族发生、发展的历史，赞颂了先公先王的伟大功绩。实际上，履帝迹生子的神话是只知其母不知其父的母系社会的折射。后稷感天而生，历经种种磨难，一路披荆斩棘在农业领域取得重大成就。从《生民》到《大明》，记述了周人由产生到逐步强大、建立统一王朝的历史过程。周族史诗充满神话色彩，投射了由母系社会进入父系社会的历史背景，反映了我国农业种植活动的悠久历史，也体现了先民对原始生存环境的不屈反抗，表达了先民深重的忧患意识以及厚生爱民、敬天祭祖的强烈情绪体验。

作为原始先民意识形态的集中体现，中国神话注重采用象征和隐喻等表现手法，蕴涵着先民对自然和社会的感受和思考，一方面呈现出叙事因素相对较弱的特点，另一方面人物个性鲜明、形象丰富、情感浓郁。如《山海经·海外北经》所载"夸父逐日"，云："夸父与日逐走，入日。渴欲得饮，饮于河渭，河渭不足，北饮大泽。未至，道渴而死。弃其杖，化为邓林。"夸父逐日的原因不得而知，而他不顾口渴如焚，坚持要与太阳"逐走"的强大英雄气概让人感佩。尽管夸父最终渴死道中，却化手杖为桃林，继续泽被后代。在超现实的想象中，夸父的形象丝毫没有因为死亡而消损，反映了先民坚持与自然抗争的坚定信念和征服自然的壮丽理想，浓郁的情感因素体现了先民爱憎分明的审美偏好。

---

[1] 后稷：周始祖，姬姓，名曰弃，其母为有邰氏女，名曰姜嫄，诞生于稷山（今山西省稷山县）。被后世尊为稷王（也称作稷神）、农神、耕神、谷神。作为农耕文明的始祖，他被奉为五谷之神。

第二章 中国神话的分类

第一节 按形态划分

　　20 世纪 80 年代中期，著名神话学家袁珂先生对狭义神话论提出了批评意见，并提出"广义神话"论。由于这个定义过于宽泛，没能得到学界的普遍认同，时至今日也没有从根本上动摇狭义神话观在神话学界的主流地位。然而，随着对神话形态研究的深入，神话是不断发展演变的这一重要观点取得了广泛认同。旧的神话没有消失，同时新的神话也在不断产生。我国开展了多次民间文化抢救和保护行动，如 20 世纪的歌谣收集运动及"中国民间文学三套集成"的编纂、近十年来非物质文化遗产的保护活动等，文化工作者搜集到大量新的资料，为中国神话的研究者提供了大量鲜活的材料。其中不乏来自田野的"活态"神话，大大拓展了神话研究者的视野。基于神话产生的时代及创作主体的考量，是认识神话形态的主要依据。本书对神话不同形态的认识和思考主要基于学者陈建宪提出的关于神话四种形态的概念。

　　一是原生态神话，或可称"原始神话"，主要指产生在原始时代，由原始氏族公社时期及其以前的初民所创作和讲述的神话，其在原始初民中发生、成长、口耳相传，并且一定程度上介入他们的生产生活之中，是一种集体无意识的意识形态。这一时期，社会生产力水平低下，人类与野兽相去不远，思想处于原始思维阶段，对天地万物怀有神秘敬畏之情，积聚了多而强烈的情绪体验，不自觉地对世间万物进行艺术化加工，创作出奇幻质朴的神话。以保存原生态神话最丰富的《山海经》为例。《山海经》中记载的每一座山脉几乎都有与之相对应的山神的具体形象的描述，还有如何娱神祭祀的记载。原生态神话不仅反映了早期人类对万物起源的多种多样的认识，还将这种认识贯穿到人类的社会生活中，间接反映了原始先民的社会生活历史，形成了原始生活和原始信仰的融合。在原始人类看来，野兽们在譬如攀爬、钻洞、泅水等方面具有明显强于普通人类的能力，自然会将这些野兽和神联系起来，人、神、兽在原始思维作用下形成了某些方面的高度契合，如《山海经》中记载的大量"半兽人"，人面蛇身、人面鸟身、人面马身等。

　　二是再生态神话，也可称"再生神话"，主要指"产生于原始氏族公社及其以前时期，但流传于这一时期之后"的神话。这类神话一方面见于古典文献，另一方面在民间百姓中口耳相传，以其丰富多样的形式，展示了人类对生命起源、生命周期和再生循环过程的探索，以非凡的智慧和想象力讲述了宇宙、自然和人类的起源。其中，代表性神话故事有盘古开天、女娲造人等。盘古开天神话描绘了宇宙最初时刻，不堪忍受黑暗的盘古用神斧劈向四方，逐渐使天空高远，大地辽阔，创造出了世界的框架。"盘古开天"神话开创了以性别意识构建中国神话诸神关系的先河。"阴阳"变为"阳阴"，有"天地""乾坤"，亦有"男女""夫妇""兄妹"，南朝梁人任昉在《述异记》中记载："盘古氏夫妻，阴阳之始也。"盘古是顶天立地的巨人，也是世界的开创者、自然大道的化身，象征着万物的起源和演变。"盘古开天"使"天"缺,既而有"女娲补天"。苏辙诗曰"谁为女娲手,补此天地裂"。女娲之名较早见之于《楚辞·天问》和《山海经·大荒西经》。《楚辞·天问》中有云:"女娲有体,孰制匠之。"女娲造人的神话描述了创世大神女娲抟土造人,化育万物。中国古代典籍中关于女娲的形象是模糊不清的,但是她作为中国神话谱系中始祖母的地位是得到广泛认可的。再生态神话往往还提供一种宇宙观和伦理观的参照,承载着人类对于生命和自然的认知和崇敬,通过形象化的叙事和富有象征意味的表达,将人类与自然界融为一体,强调人与自然的和谐共生,引导人们认识自我、解读世界,如钟山之神垂死化身、后羿射日等。

三是新生态神话,指产生于原始氏族公社时期以后,直到今天仍在不断产生的"新民间神话",如玉皇大帝、王母娘娘、二郎神、孙悟空等。玉皇大帝也被称为上帝、天帝。关于他的起源,存在不同的观点和传说,其中包括对黄帝的崇拜。先秦及两汉时期文人的历史化加工与道教的需要和利用,都促使黄帝的形象不断发展演变。宋真宗尊轩辕黄帝为圣祖,一说宋真宗梦见有神人传达玉皇大帝之令,说要带他去见赵氏始祖。于是宋真宗封玉皇"太上开天执符御历含真体道昊天玉皇上帝"的尊号。民间口头流传为"玉皇上帝",后来演变成"玉皇大帝"。随着道教的发展,人们将玉皇大帝与王母娘娘配对为共同主宰人们命运的夫妻大神。王母娘娘的原型西王母早期形象来自《山海经》,"其状如人,豹尾虎齿而善啸,蓬发戴胜","三青鸟为西王母取食","司天之厉及五残",是中国原始神话中一位半人半兽的凶神。到《淮南子》中,"羿请不死之药于西王母",西王母的形象从凶神转为"有不死之药"的吉神。在古代文人的著述和宗教信仰的影响下,西王母的形象进一步发生转变和演绎。经过神仙化演绎,西王母被尊奉为道教至高女神、玉皇大帝的配偶。民众对这对夫妻大神的认识并非全部来自道教经典，还包括历代神魔小说，如《西游记》。

四是衍生态神话，指"上述三类神话在其他领域中运用和改编的衍生物"，如魔幻主义小说、科学幻想，甚至商业广告等。《山海经》作为中国原始神话的重要宝库，拥有丰富的神话传说和奇幻元素，其神话叙事在时间和空间上是比较碎片化的，往往成为衍生态神话创作的重要素材之一。在衍生态神话的创作中，作者可能会根据《山海经》中的背景、人物、故事情节等要素进行改编和扩展，赋予人物更加丰富细腻的心理刻画、更具个性的表现，并设计更加曲折精彩的情节发展，将原始神话的魅力和智慧注入新的故事中，创造出不同的故事和人物形象，从而丰富文化创作的多样性。受众在欣赏衍生态神话作品的同时，也可以借此对原始神话进行更深入的了解和探索。

第二节 按内容划分

中国神话的内容丰富且驳杂，简要分类如下。

一、创世神话

讲述宇宙、天地、万物的起源和创造过程。在中国神话中，有许多关于天地创生、天神、地神、孕育万物的神话故事，如《盘古开天辟地》《女娲造人》等。

盘古开天辟地：传说在很久以前天地还没有分开，整个宇宙一片混沌，像一个巨大的鸡蛋。在这片混沌宇宙之中，孕育了一位名叫盘古的巨人。盘古在混沌的世界中度过了一万八千年。有一天，盘古突然醒来，发现自己被包围在一片漆黑的混沌之中。因无法忍受黑暗，盘古决定分开天和地。他挥舞起巨大的斧头，破开黑暗的混沌，轻清的阳气上升为天，重浊的阴气下沉为地。在盘古的努力下，天地两极形成了，天为穹隆，地为基底。而盘古的身体逐渐化为日月星辰、山川河流、草木虫鱼以及其他世间万物。

"盘古开天"最早见于《三五历纪》[1]。此书内容皆论三皇以来之事，在漫长的历史长河中已佚，仅部分段落存于后来的《太平御览》《艺文类聚》等。盘古开天传说是中国古代神话中最著名的创世神话之一。他生前完成开天辟地的伟大业绩，死后化身万物，留给后人无穷无尽的宝藏。盘古开天辟地的神话故事，不仅是对天地万物起源的一种解释，也体现了原始人民对自然界的敬畏和崇拜，寄托了决心征服大自然的坚强信念和乐观主义精神。盘古被看作中华民族的创世始祖和神话中的第一位造物大神，是中华民族崇拜的英雄，他的形象也常被用来象征创新、改革和开端，是中国文化中的一个重要符号。

女娲造人：女娲是我国古代神话中最著名的人物之一，有造人和补天的伟大功绩，是最古的开辟神。根据目前的文献资料来看，最早提到女娲名字的是屈原。他在《天问》中问道："女娲有体，孰制匠之？"意思就是说传说人是由女娲所造，那么她的身体又是谁造出来的呢？这一提问表明，至少在屈原生活的时代，荆楚一带就已经流传着女娲造人的神话。关于女娲造人，有两种说法，一种是女娲和其他诸神共同造人，另一种说法是女娲单独造人。女娲与诸神合作造人的故事主要来自西汉刘安所作《淮南子·说林训》："黄帝生阴阳，上骈生耳目，桑林生臂手：此女娲所以七十化也。"意思是说，黄帝化生出阴阳两气，上骈造出了耳目，桑林造出了手臂，女娲之所以能化生

---

[1]《三五历纪》：三国吴人徐整著；主要记载三皇以来之事，最早完整记述了盘古开天的神话传说。

出七十变而造出人类，靠的是众神的帮助。上骈、桑林都是神之名。再结合《吕氏春秋·过理篇》所说的"纣剖孕妇而观其化"，是说女娲和众神合作创造人类，一天多次孕育生命，有的神助生阴阳两性器官，有的神助生耳目手足。这些记述虽然非常简略，却都直指女娲是和众神合作造人的，反映了原始母系社会早期以女性为中心的婚姻关系和生育情况。由于这段神话记述过于简略，流布不广，最终沉湮了。更为人们所熟知的还是女娲抟黄土造人的神话。东汉应劭在《太平御览》卷七八引《风俗通义》[1]云："俗说天地开辟，未有人民。女娲抟黄土作人，剧务，力不暇供，乃引绳于絙泥中，举以为人。故富贵者，黄土人也；贫贱凡庸者，絙人也。"这是说女娲有感于天地开辟之后世间清冷，于是便取来黄土和水，捏成了有五官、有手脚的人。女娲昼夜不停地捏泥人，可是觉得速度还是太慢，于是折下藤条，伸进泥潭，沾上泥浆向地面一甩，点点泥浆落地后就变成了一个个高矮胖瘦不同的人。这则神话不仅虚构了人类的诞生，也试图解释人类为什么会有贫富贵贱的身份差异，体现了神话流传到阶级社会产生时期以后有了贫富贵贱的阶级烙印。

根据中国古代神话发展的脉络来看，女娲造人的神话要远远早于盘古开天辟地以及化生万物的神话。东汉许慎在《说文解字》中这样解释"娲"字："娲，古之神圣女，化万物者也。"这里的"化"就是"化生"的意思，也就是说女娲是化生万物的人，不仅仅是创造了人类，还创造了世间万物。《山海经·大荒西经》记载："有神十人，名曰女娲之肠，化为神，处栗广之野，横道而处。"这是说有十个神，被称作"女娲之肠"，是由女娲的肠子变化而来的，他们就像肠一样在栗广的原野上横道

---

[1]《风俗通义》（汉唐人多引作《风俗通》）：为东汉时期泰山太守应劭辑录的民俗著作，该书首次记载了"女娲造人""李冰斗蛟"等神话。

居住着。从女娲到盘古，神话的流传演变也体现了母权制让位于父权制的社会发展趋势。

二、始祖神话

始祖神话是指关于人类起源和先祖的传说和神话故事。在许多文化中，始祖神话是一种解释人类起源和族群血缘关系的叙事，涉及人类的起源、文明的开始以及神话人物作为先祖的地位和功绩。在中国神话中，始祖神话是指与黄帝、炎帝、伏羲等相关的神话故事。这些神话描述了中华民族的起源，他们被视为中华文明的奠基人和创造者。始祖神话通常涉及神仙化的先祖人物，他们被赋予超自然的力量和智慧，创造了人类的文明和社会制度。这些神话不仅涉及人类的起源，还包括他们的职责、功绩和影响，对于塑造中国人民的文化认同感和历史记忆具有重要意义。

始祖神话在中国传统文化中扮演了重要的角色，它们不仅是对过去的追忆和崇拜，更是塑造中国民族精神和传统价值观的重要组成部分。这些神话通过讲述先祖的故事，为人们提供了一种自我认同和文化认同的框架，也激发了人们对于历史、文化传承的思考。

黄帝：居五帝之首的黄帝被视为中华民族的共认的伟大先祖和文化英雄，在中国神话中具有重要的地位。黄帝神话是中国古代神话传说中的一部分，与中华民族的起源和文化发展息息相关。黄帝被描绘为古代中国的首位君主，他在远古时代统一了中原地区，奠定了中华民族的基础。黄帝被赋予了众多功绩和智慧，他发明了农业工具、领导了战争，并传授了医药、农业和文化等方面的知识。黄帝还被尊奉为农耕文明的始祖，被认为是中华文明的奠基人之一。黄帝神话中的故事和传说旨在表达对黄帝的崇拜和对他在人类历史和文化发展中的重要地位的敬意。他被尊奉为传统文化的代表和人类智慧的象征，是体现中国人民民族自豪感和文化认同的象征之一。

黄帝神话对中国人民和中华文化产生了深远影响，在悠久的历史进程中，黄帝的形象经历过不少演变。在历史学和考古学的研究中，黄帝被认为是一个传说人物，对应远古时代原始氏族的首领。黄帝神话的形成和发展，既受到口头传承和文化传统的影响，也与历史文献和学术研究有关。在学术研究中，对于黄帝神话的起源、发展和具体内容，存在着一系列不同的观点和解释，主要有以下几种观点：

1. 历史传说观点：此观点认为黄帝神话源于古代的历史传说和民间故事，黄帝被视为真实存在的历史人物。支持这一观点的学者认为，黄帝是远古时代的实际统治者，他的故事和功绩是按照历史事实进行传承和渲染的。

2. 崇拜神话观点：此观点认为黄帝神话起源于对历史上的英雄人物黄帝的崇拜和传承。这些学者认为，黄帝的形象经过世代的传承和神话化，逐渐扩大了他的影响力和神性特征，并成为中国古代文化中的至高神灵。

3. 文化象征观点：此观点认为黄帝神话是中国文化中的象征和意象，黄帝作为一个符号代表了中华民族的文化认同和文明起源。这个观点强调黄帝神话作为中国人民文化认同的核心要素，扮演着凝聚民族意识和传统价值的重要角色。

4. 神话演变观点：此观点认为黄帝神话是在历史演变中逐渐形成的，它与其他神话、宗教和文化因素有着复杂的交错和影响关系。这个观点强调了黄帝神话的可塑性和多样性，将其视为不断演变和适应社会变迁的文化构建。

根据战国时期青铜器"陈侯因𬀩敦"[1]铭文："高祖黄帝，迩嗣桓文"，可知黄帝至少在战国时期就已经是声名显赫的人物了。《山海经》中有多处记载黄帝的素材。"东海之渚中，有神，人面鸟身，珥两黄蛇，践两黄蛇，名曰禺𧉆。黄帝生禺𧉆，……"（《大荒东经》）"黄帝生苗龙，苗龙生融吾，融吾生弄明，弄明生白犬，白犬有牝牡，是为犬戎"。（《大荒北经》）"有北狄之国，黄帝之孙曰始均，始均生北狄。"（《大荒西经》）《史记·三代世表》附录中，有一段简明的概括："舜、禹、契、后稷，皆黄帝子孙也。"根据相关文献资料记载，早在夏、商、周时期甚至在唐尧、虞舜的传说时代，黄帝不仅在中原地区，并且在东夷、西戎、北狄人中，都已享有崇高地位。

伏羲和女娲：伏羲和女娲在中国传统文化中被尊奉为人类的创始人和文明的奠基者，代表着智慧、勇气和创造力。他们的神话与人类起源、文明的创建和社会的建立相关。传说，伏羲和女娲生活在古代中国的原始社会中，他们观察天象、研究自然、发明工具和研究人类社会的组织。据说，伏羲发明了八卦，用来预测和解释自然界和人类的变化，是八卦文化的创始人。女娲有两件惊天动地的功绩，一是造人，二是补天。传说她用神奇的石块填补了天和地之间的空隙，维持了宇宙的稳定。

中国的远古历史，传说在盘古之后就是"三皇"时代。"三皇"之说有多种，最通行并为学界所认可的，是《春秋运斗枢》、《淮南子》和《路史》等著作里所说的："伏羲、女娲、神农为三皇。""三皇"之中尤以伏羲、女娲功业显赫，被认为是创世的大神。在

---

[1] 陈侯因齐𬀩敦：相传是齐威王田因齐继位时的青铜礼器，整体呈球形，分成上下两部分，可用于盛放粮食。器物的铭文中有以黄帝为高祖的内容，记载了齐威王继承王位并效法黄帝的事迹。这是目前已知最早的与黄帝相关的出土文字史料。

不同版本的"三皇"系统当中，伏羲和女娲也是地位最稳固的。《淮南子•原道训》在关于天地万物起源的记载中说："泰古二皇，得道之柄，立于中央，神与化游，以抚四方。是故能天运地滞，轮转而无废，水流而不止，与万物终始……其德优天地而和阴阳，节四时而调五行……"把伏羲、女娲列为"泰古二皇"。

根据文献资料和近年来的考古发掘成果来看，伏羲、女娲的形象从产生到趋于成熟和模式化经历了一个漫长而复杂的过程。从最早出现女娲之名的《楚辞》和《山海经》来看，女娲的形象是模糊不清的，多是"龙身人面"或"人首蛇身"的神灵形象，这也是比较通行的看法，部分零散文献中还有把女娲的形象看作葫芦、鸟等的记载。关于伏羲形象的记载主要有："庖牺氏……蛇身，人面，牛首，虎鼻。"（《列子•黄帝篇》）"伏羲龙身。"（《路史•后纪》）"蛇身人首。"（《帝王世纪》）大致说来，伏羲是"人头蛇身"。在伏羲、女娲二氏形成对偶神之前，各自的形象一直存有较大争议，直到秦汉后统一成人首蛇身的交尾像，再到后世根据帝王政治需要演化为慈眉善目的神人形象，折射出不同时代的社会、文化及历史背景和民间信仰的嬗变。

在传世文献典籍中，关于伏羲的记载是在战国中晚期以后，春秋以前典籍未见伏羲。伏羲的异名在上古的"三皇五帝"之中是最多的，有伏牺、庖牺、包牺、伏戏、虑戏、虑羲、伏犠等等。现存文献中最早记载伏羲的是战国中晚期的《庄子》，所言伏羲，亦神亦人，亦虚亦实。仅在《庄子》中，关于伏羲的记载就有多处，伏羲名号就有"伏羲""伏犠""伏戏"多种写法，前后不统一，其身份混乱，或人或神，在古帝王中序列不定。这说明在庄子时期，伏羲尚在传说、创造过程中，是一个尚未定型的人物。战国以至秦汉，时代越往后，关于伏羲的记载越详细，伏羲的功业越卓著，在古代帝王世系中的地位越崇高。

● 伏羲坐像　轴

他的有关事迹在诸多文献中都有体现。如《周易》[1]："古者包牺氏之王天下也，仰则观象于天，俯则观法于地，观鸟兽之文与地之宜，近取诸身，远取诸物，于是始作八卦，以通神明之德，以类万物之情。作结绳而为网罟，以佃以渔，盖取诸《离》。"

在传世先秦古书中，没有关于伏羲和女娲关系的明确记载。汉代之前，伏羲、女娲的联系还比较薄弱，是两个独立的大神，女娲作为创世大神，拥有更高的地位。然而从汉代开始，他们被看作对偶神，有了夫妇的联系。《淮南子·览冥训》："伏戏、女娲不设法度而以至德遗于后世，何则？至虚无纯一，而不喋喋苛事也。"《列子》卷二《黄帝篇》曰："庖牺氏、女娲氏、神农氏、夏后氏，蛇身人面，牛首虎鼻，此有非人之状，而有大圣之德。"这一变化与西汉后期以来社会流行的阴阳观念、日月神之崇奉及神仙观念的影响密切相关。到唐代时期，伏羲和女娲兄妹结婚繁衍人类的故事已在民间得以广泛流传。

伏羲、女娲的神话在不同的时期和地区存在不同的版本和细节，也有许多相关的民间故事和民间信仰。这些故事在中国文化中起到了重要的塑造和传承作用，体现了中国人对文化起源的思考和追溯。同时，这些神话也深深影响着中国人民的价值观和行为准则。

神农氏：神农氏，又称炎帝，又号魁隗氏、连山氏、列山氏，是中国上古时期姜姓部落的首领。传说姜姓部落的首领由于懂得用火而得到王位，所以称为炎帝。神农氏是中国古代神话中的重要人物，是三皇之一，被誉为农业之神，同时也是医药之神，被道教尊为神农大帝，也称五谷神农大帝。传说，神农氏品尝

---

[1]《周易》：由《易经》与《易传》组成，与《连山》《归藏》并称为"三易"。也有观点认为，《连山》与《归藏》均源自《周易》。至秦汉时期，《连山》与《归藏》均已失传。汉武帝时，《周易》与《易传》被称为《易经》，或简称《易》。

百草，发现了许多草药的药用价值，从而为人类提供了治疗疾病的方法。神农被认为是中医药的祖师，也是农耕文明和医药文明的象征。

东汉时期的《白虎通》[1]记载："古之人民皆食禽兽肉，至于神农，人民众多，禽兽不足。于是神农因天之时，分地之利，制耒耜，教民农作。神而化之，使民宜之，故谓之神农也。"神农氏看到上古先民食物短缺，不能仅依赖捕猎野兽为生，于是他开始教导人民从事农业生产，种植谷物，以此解决人们的温饱问题，揭示了神农氏对我国农业耕作的突出贡献。他还发明了很多农具，教人们使用木制的耒耜，教民稼穑饲养、制陶纺织以及使用火，提高了农作物的产量，使人们从游牧生活逐渐转向了定居生活，从而开启了农业文明的历史进程。神农氏在医药方面的贡献同样显著。为了解决人们的疾病问题，他历经千辛万苦，亲自尝试各种草药。经过不断试验和观察，发现了许多具有药用价值的植物，记录并总结了它们的功效，并为人类创造了治疗疾病的方法。《淮南子》记载："（神农）尝百草之滋味……一日而遇七十毒。"据说他尝过多达数千种草药，其中有七十种草药让他中毒。他遍尝百草，将这些植物的特性、功效和用途记录下来，编写成《神农本草经》[2]等医药经典著作。他的医药实践和理论，是中医药文化的重要组成部分，对于中国乃至世界的医药发展产生了深远影响。此外，传说神农氏还

---

[1]《白虎通》：亦称《白虎通义》或《白虎通德论》，为东汉时期班固（公元32年至公元92年）所编纂。该书是东汉建初四年（公元79年），汉章帝在洛阳城北宫白虎观主持的一场关于五经异同的学术讨论会的最终成果汇编。
[2]《神农本草经》：又称《本草经》或《本经》，中医四大经典著作之一、现存最早的中药学著作。约起源于神农氏，代代口耳相传，于东汉时期集结整理成书。

发明了历法,制定了五音,教人们辨别音律,对中华文明的发展起到了重要推动作用。在我国古典文献中,神农氏的形象被描绘得非常生动且富有传奇色彩。他的智慧和勇气,使得中华民族得以从原始社会走向文明社会,他的精神和理念,至今仍深深影响着我们。

三、洪水神话

洪水神话是以洪水为主题或背景的神话,在世界各地普遍存在。洪水神话通常反映了人类历史的某个时期曾普遍遭受毁灭性洪水的巨大伤害。原始部落或氏族通常依水而居,特别是旧石器时代晚期,人类开始制作并使用能够从事采集和狩猎活动的简单工具,原始农业由此萌芽。然而大河泛滥成灾或天降大雨等自然灾害,不仅对生产生活产生了直接影响,还迫使先民不得不经常与之做抗争,因此洪水便作为一种典型的自然现象较早地融入神话中。一方面,曾经历过的洪水灾害如此可怕,以至于在人类心灵中留下不可磨灭的印记,成为一种集体表象,伴随着神话一代一代地流传下来,提醒人们对自然灾害保持戒惧的态度。另一方面,洪水神话也反映了人类在遭受毁灭性洪水的巨大伤害后,深入思考世界灭亡与再生的问题,幸存的人类如何通过繁衍生息重新建立起新的社会秩序的过程。在中国神话中,有许多与洪水有关的故事,如《鲧禹治水》《共工愤洪水》《女娲补天》等,这些洪水神话不仅反映了古代人民对洪水灾害的恐惧和对抗自然灾害的勇气,也体现了英雄人物的卓越智慧和不懈努力,反映了先民对未知自然的探索和对美好未来的希望。

鲧禹治水:中国最著名的洪水神话是鲧禹治水,散见于《尚书·尧典》《楚辞·天问》《诗经》《山海经·海内经》《庄子·天下》《国语·周语》《史记·夏本纪》等典籍中。《山海经·海内经》载:"洪水滔天。鲧窃帝之息壤以堙洪水,不待帝命。帝令祝融杀鲧于羽郊。鲧复(腹)生禹,帝乃命禹卒布土以定九州。"

三皇五帝时,黄河泛滥,鲧受命治水。为了解决水患,鲧不惜盗窃天帝的息壤,因此引起天帝的震怒而被杀。鲧的悲惨遭遇也赢得了后人深切的同情和尊敬,如屈原在《离骚》[1]中就为他鸣不平:"鲧婞直以亡身兮,终然殀乎羽之野。"由于鲧志向未竟,死不瞑目,最终破腹生禹,于是新一代的治水英雄由此诞生。

禹接过了父亲治水的任务,率领伯益、后稷等一批助手,跋山涉水,风餐露宿,竭尽全力想方设法治水,置个人利益于不顾,留下了"三过家门而不入"的佳话。大禹从鲧治水的失败中充分汲取教训,改"堵"为"疏",最终成功完成了治水大业。这则神话故事充分体现了中华民族不畏艰险、直面困难、敢于担当的气魄,善于思考、勇于创新的智慧,以及团结协作、坚韧不拔的民族精神。

女娲补天:女娲补天的神话传说,主要讲述了远古时代,天塌地陷,人间遭遇巨大洪水灾害。女娲不忍生灵受灾,为了拯救人类,炼出五色石补好天空,平洪水,杀猛兽,万物生灵才得以安居。这个故事的版本在不同的文献记载中有所不同。如《淮南子·览冥训》:"往古之时,四极废,九州裂;天不兼覆,地不周载;火爁焱而不灭,水浩洋而不息;猛兽食颛民,鸷鸟攫老弱。于是女娲炼五色石以补苍天,断鳌足以立四极,杀黑龙以济冀州,积芦灰以止淫水。"这段话记载了天空破裂,天水如注,土地被大洪水淹没,神母女娲炼铸五色石修补天空,控

---

[1]《离骚》:战国时期诗人屈原创作的诗篇,以诗人自述身世、遭遇、心志为中心,是中国古代最长的抒情诗。

● 清缂丝御题周文矩大禹治水图　轴

画面峻岭叠嶂，瀑布急流，满山古木苍松，洞穴深秘。山崖峭壁上成群结队的人们正在刨沙筑渠，疏通河道，导流洪水，表现大禹开山治水的画面。

制天水降雨，以拯救大地万物和人类。关于女娲补天的神话零碎地记载在《楚帛书》《淮南子》等战国、西汉文献中。目前所知最早出处是《淮南子·览冥训》，但是通过对《淮南子》中相关记录的考察，可以判断这并不是女娲神话的原生性文献，它应该属于早期的秦汉时期再生性文献。尽管这个记载从时间上来说距离往古之时较远，但是《淮南子》关于女娲补天神话的相关记录，已经大致勾勒出女娲补天神话的主体部分，具体包括女娲补天的起因、补天的方法以及过程，还有补天之后的效果、功绩等。后世对女娲补天神话进行文学演绎时所依据的，主要就是《淮南子》中的相关记录。司马贞《三皇本纪》中记载，水神共工造反，与火神祝融一番交战，共工被祝融打败，气得用头去撞世界的支柱不周山，导致天塌地陷，天河之水注入人间。女娲于是炼出五色石补好天空，杀黑龙以平定冀州，积芦灰以止淫水，使得生灵得以安居。在这些神话故事中，天神女娲目睹人类遭到如此大的灾难，感到无比痛苦，于是决心补天，斩鳌足以立四极，杀黑龙以济冀州，积芦灰以止淫水，使得天地四方的柱子重新竖立起来，洪水退去，中原大地恢复了平静。这个故事不仅展现了女娲作为宇宙大神的重要地位，也体现了她作为救世主的伟大形象，因为她的辛勤劳动和奋力拼搏，宇宙才得以重整，为万物的生存创造了必要的自然条件。

少数民族洪水神话：中国湘西苗族神话和台湾地区少数民族神话中，都有关于大洪水灭世后，一对兄妹成为人类祖先的传说。中国古代关于洪水的记载，多和治水相联系。洪水神话可以分为南北两大系统。南方系统的洪水神话一般是：雷公发洪水，淹没世界。兄妹二人躲在葫芦中，避过洪水。最后，通过滚石磨、抛石等占卜方式，决定结为夫妻，婚后生肉团繁衍出不同的种族。北方系统的洪水神话一般是：洪水泛滥，淹没世界。伏羲、女娲（或盘古兄妹）在石狮子或乌龟等的保护下，避过洪水。他们根据石狮子或乌龟的意思，通过滚石磨等方式决定结为夫妻。最后，兄妹二人捏黄泥人，再造人类，从而成为人类"始祖"。

洪水神话的普遍性证明各民族在与自然的搏斗中有着探索自然、思考自身、改进自身的相同价值观。同时，通过对各类洪水神话具体故事情节的对比研究，我们又可以发现各民族不同的文化特点和价值观念。

第三章 中国神话的意象表达

神话意象是中国神话的主体,起源于自然崇拜、图腾崇拜或者鬼神崇拜,并附以精神内涵或情感意蕴,形成具有人格化幻象的产物。晋代郭璞[1]在《山海经·叙录》中首次提出了"神话意象"的雏形概念。他描述了一种现象,"游魂灵怪,触象而构,流形于山川丽状于木石者",并指出"象物以应怪","鉴无滞赜,曲尽幽情"。在他看来,神话意象的生成源于游魂灵怪附着在山川木石上,后者赋予它们一种灵性。文人在选择意象时,必然与这些附有灵怪的物象联系在一起,这成为取象的原则。通过这些意象,文人能够表达事物的奥秘和情感,体现了神话意象的独特作用。著名美学家汪裕雄先生在郭璞的基础上提出"神话意象"的具体概念:神话意象是靠择取物象,用以充当附丽于事物的灵怪的具象符号,该具象符号还具有情感优位的特征。王增永在《神话学概论》中指出,神话意象是将物象与情象、实象与虚象等融为一体的意象,它是一种神秘的心理意象。根据中国神话中神灵的形象,可将神话意象分为自然意象和人生

---

[1] 郭璞(276—324):字景纯,生于河东郡闻喜县(今山西省闻喜县),东晋时期的杰出学者、文学家、训诂学家、道教术数大师及游仙诗的奠基人。代表作包括十四首《游仙诗》和《江赋》,曾对《周易》、《山海经》、《穆天子传》、《方言》以及《楚辞》等古典文献进行注解。

意象。自然意象来自原始先民对自然界中动植物的崇拜；人生意象是两种或两种以上事物（人物、动物、植物甚至自然天象）合体的形象逐渐转变为人形之后所形成的神灵形象，是一种具有非现实性特征的多层叠合物。自然意象的出现，多处于神话发展的初级阶段。存在两种自然意象，一种是神话思维发展于第一阶段时所形成的"自然意象Ⅰ"，而在神话思维发展的第二阶段的早期阶段，这时形成的神话意象亦多属于自然意象，在它们身上，神性因素明显，宗教功能增强，它们所蕴含的神性开始压倒人性，称为"自然意象Ⅱ"。自然意象Ⅰ留存至今的数量比较少，那些具有神异功能和形貌的动植物多属自然意象Ⅱ。所有神话意象都是原始先民认识、情感和意志的外化结果，是神话叙述的生动形象。在史前神话中，人生意象多从自然意象发展演变而来。自然意象向人生意象的演变，与人类社会和思维方式的发展和演变密切地联系在一起，具有必然性。自然意象中所蕴含的原初含义也随着新的人生意象的生成而逐渐减弱；新的象征含义随之附加上去。不过，即使这种转变已经完成，自然意象的象征意蕴仍可在人生意象中继续留存，其原初含义与后来新增的意义或意蕴在某种程度上仍具有内在关联。在本章节中，我们将聚焦于几个核心意象，它们在中国神话中扮演着重要的角色，其不仅仅是一些具象的形象，更是一种文化的反映和集体的记忆。这些主要意象包括太阳（日）、月亮（月）、龙、狼以及各种鸟类。

第一节　日

一、"日"的自然意象

"日"即太阳，象征着光明与温暖。史前神话意象的生成既与原始先民的生理条件有关,也与史前时代自然环境对原始先民的影响密切相关。原始先民主要通过视觉经验来认识自我和世界,而在自然界中,人类对光的视觉感受是最为直接的。因此,光成为史前神话意象中最先被表现的对象。在神话世界中,光的出现具有创世的意味,与神之间形成了不可分割的关系。那些能够发光的神灵、动物和植物等形象,都是人类对光进行崇拜的产物。太阳的光芒给人类带来了无限的光明、温暖和希望,同时自然万物的生长也离不开那灿烂的阳光。

1983年辽宁海城小孤山旧石器时代晚期遗址的发掘中发现了一枚穿孔蚌壳。这枚蚌壳具有天然白色光泽,经过人工处理后形成边缘尤为光亮的图形,并在外缘刻出放射短线,呈现出闪烁状的白色光芒。更为奇妙的是,这枚蚌壳经过红色粉末的浸染,呈现出白里透红的色泽。这一发现进一步反映了人类对光的敬仰,并将其艺术性地表达在物件上,将光与颜色的独特效应结合,展现出对光明的崇拜和追求。

在著名的盘古神话中,盘古开天辟地,化生世界万物,其中包括太阳和月亮。《绎史》卷一引《五运历年纪》:"首生盘古,垂死化身。气成风云,声为雷霆,左眼为日,右眼为月,四肢五体为四极五岳,血液为江河,筋脉为地里,肌肉为田土,发髭为星辰,皮毛为草木,齿骨为金石,精髓为珠玉,汗流为雨泽,身之诸虫,因风所感,化为黎甿。"《述异记》卷上有大同小异的记载:"昔盘古氏之死也,头为四岳,目为日月。"在盘古神话中的"日"代表着光明、温暖和生命的源泉。太阳的光芒驱散黑暗,为世界带来光辉,是人们寻求希望和祥和的象征。

二、"日"的人生意象

随着社会的发展和人类思维方式的转变,日这一最初代表光明的自然形象，逐渐被拟物化、拟人化，产生了太阳神、太阳鸟等形象。随之出现了征日的神话，日在神话中的意象更加丰富。

1. 太阳鸟：男性的象征

日神与动物的联系反映了人类早期的信仰状况。在先秦神话中，太阳由乌背负，乌的飞行路线构成了太阳的运行轨迹，《山海经·大荒东经》中提到："汤谷上有扶木，一日方至，一日方出，皆载于乌。"汉朝时期，阳乌负日的观念演变为日中有乌。最早记录日中有乌的文献应该是《淮南子·精神训》，其中云："日中有踆乌。"高诱注："踆，犹蹲也。谓三足乌。"东汉以后，日中之鸟被明确地表述为三足乌，后来三足乌成为日的代称。鸟与太阳的复合是动物图腾与自然崇拜相结合的产物，反映了太阳崇拜的早期阶段及其自然特征。

古人认为太阳之中有三足乌，是因为三足乌是男根的象征。《春秋元命苞》中提到："阳成于三，故日中有三足乌，阳精也。"这里的阳既是指传统哲学中的阴阳之阳，也代表着男性。

2. 太阳神：生命永恒的象征

自然崇拜中的日神，它的光芒和温暖为大地带来生机。在远古时期，由于生产力极为低下，人们的思维和认知相对简单，先民观察到了太阳运行的规律，太阳的升起和降落代表着日夜的交替，但是他们对此表象化的自然现象和自然规律也不能科学地理解，因此认为自然万物皆为神灵，衍化出了太阳神的形象，神是永恒的存在，灵魂不灭，因此赋予了日永恒的象征，体现了生命的不断循环和更新。最早的日神应是太阳女神——羲和。在母系氏族社会，女性神处于至高无上的地位。根据《山海经·大荒南经》的记载，中国远古时期的日神最初为女性形象。《大荒南经》："东南海之外甘水之间，有羲和之国。有女子名曰羲和，方浴日于甘渊。羲和者，帝俊之妻，生十日。"太阳是羲和生育出来的，羲和是太阳的母亲。《山海经·大荒南经》郭璞注引《启筮》："瞻彼上天，一明一晦，有夫羲和之子，出于旸谷。"旸谷是太阳居住的地方，这里的羲和之子无疑是指太阳。太阳是羲和的儿子。"主日月"的是羲和。《山海经》郭璞注引《启筮》："空桑之苍苍，八极之既张，乃有夫羲和，是主日月，职出入以为晦明。"羲和掌握着时间的节奏，每天由东向西，驱使着太阳前进，太阳被视为生命的源泉，它的光芒和温暖为大地带来生机。太阳的升起和降落代表着日夜的交替，体现了生命的不断循环和更新。

3. 征日神话：崇高的象征

（1）自然界中至高无上的形象

《楚辞·天问》中提到："羿焉彃日？乌焉解羽？"这是对征日神话的最早记载。《淮南子·本经训》中描述逮至尧时，"十日并出，焦禾稼，杀草木，而民无所食，猰貐、凿齿、九婴、大风、封豨、修蛇皆为民害"。尧遂派遣羿诛杀凿齿于畴华之野，杀九婴于凶水之上，缴大风于青丘之泽，上射十日而下杀猰貐，断修蛇于洞庭，擒封豨于桑林，万民皆欣喜，于是尧被尊为天子。这是我国古代典籍中对射日神话最完整的记载。

当代学者王红旗认为："射日神话的核心是描述在传说时代天空曾出现异常天象，气候酷热，给人类带来一系列巨大灾难"；冯天瑜认为后羿射日"是初民借助幻想，解除干旱和酷热的一种努力"；高福进也认为"多日意识与气候直接有关"。他们认为征日是一种救日行为，太阳是人类生命与生存之必需，中国古代以太阳作为天的标志，将天空中的太阳视为神圣、神秘的存在，代表着天地的神灵力量，强调了太阳的神圣性和在宇宙中的至高地位。当太阳发生变异时，无论是由日食引起的太阳的消失,还是由幻日引起的日数的增多,都会被先民们看成是产生灭顶之灾的先兆而引起他们的恐惧。因此,产生了各种救日活动,包括日食时通过巫师主持的巫术仪式,运用魔咒诅咒恶魔,使之死而使日再生的巫术救日活动,以及通过祭祀恶魔让它放弃吞日的祭祀救日活动,还有通过祈祷神灵赶走恶魔而救日的祈祷救日活动。当天空出现多日时,原始先民会像面对日食一样处于惊异和恐慌之中。他们认为多余之日是"妖孽",侵犯了日神的尊崇地位。

(2) 社会生活中君王的象征

"日"的形象逐渐升华为人们心目中的至高无上之象。《山海经·海外北经》:"夸父与日逐走,入日。渴,欲得饮,饮于河渭,河渭不足,北饮大泽未至,道渴而死。弃其杖,化为邓林。"《山海经·大荒北经》:"大荒之中,有山名曰成都载天。有人珥两黄蛇,把两黄蛇,名曰夸父。后土生信,信生夸父。夸父不量力,欲追日景,逮之于禺谷。将饮河而不足也,将走大泽。未至,死于此。"夸,大也。父,男子也。夸父意指高大的男子。人们向往太阳,追逐太阳,但人无论多么高大,与太阳相比都是微不足道的,太阳在这个神话中不仅是自然界的光明之源,更被赋予了象征至高无上的特质。夸父的努力与失败强化了"日"的神圣形象,同时也反映出人们对太阳权威性的深刻理解。随着社会的发展,"日"的权威形象逐渐演变为更为复杂的象征,承载着皇权和父权的权威。

原始先民在长期的集体劳动生活和社会实践中,经过对自然的适应和探索,认识到劳动创造力的意义,逐渐意识到人类的能动作用,甚至认为人类祖先创造了宇宙的万物,包括天地、日月和星辰,生日、征日的神话由此产生。这种思维反映了随着生产力的提高和社会的不断发展,人的主体意识日益增强,展现了原始先民思维活动逐步进步的历程。

第二节　月

月亮是自然界和人类生活联系非常密切的自然星体,在原始先民的自然崇拜和万物有灵的观念下形成了关于月亮的神话。月亮神话的丰富性和故事性在中国神话中仅次于太阳神话。月亮一直被赋予深厚的文化内涵,成为各种寓意和象征的源泉,是人们抒发情感和思考人生的寄托。从古至今,围绕着月亮神话衍生的"常羲浴月""嫦娥奔月""玉兔捣药""月中蟾蜍""月中桂树"等一系列神话传说,都深刻反映着人类文明发展的轨迹,从单纯的月亮崇拜、对生命永恒的追求到对生育的期盼以及对团圆的向往,并且随着时代的变迁而不断生成、传播、演变并发展。

一、"月"的自然意象

在中国神话中,"月"的自然意象代表了明亮与美好。原始先民的生活,很大程度上是依赖自然的恩赐。这使得原始先民对神秘的自然力产生了许多错觉和幻想,将宇宙万物看作有灵魂的事物。在盘古神话中,盘古的左眼化为太阳,右眼化为月亮。与太阳一样,眼化的月亮在夜晚洒下清辉,晶莹而雅致,如同白昼的太阳一样明亮。白天,太阳的光辉温暖大地,滋养着世间万物。而夜晚的月亮则以它的清光为人们照亮黑暗。月亮盈亏有致,每月经历一番阴晴圆缺,但每逢月半(农历每月十五),它依然如盘一般圆满,洁净如玉。这份恬静和安然是美好的象征。元人所绘的《广寒宫图》展现出月宫宏伟、巍峨、壮观的气势,飞檐雕栋,庞杂而迂回,令人神往。这里的"琼楼玉宇"正是广寒宫的真实写照。广寒宫的辉煌与月亮的晶莹相得益彰,共同构成了美好的寓意。

二、"月"的人生意象

1. 女性的象征

"嫦娥奔月"作为流传较广的神话故事,目前可考最早记载"嫦娥奔月"故事的是先秦时期的《归藏》,其中记载羿毙十日,嫦娥奔月。《淮南子·览冥训》:"羿请不死之药于西王母,姮娥窃以奔月,怅然有丧,无以续之。"高诱注:"姮娥,羿妻,羿请不死之药于西王母,未及服之,姮娥盗食之,得仙,奔入月中,为月精也。"月精即月神。昔嫦娥以不死之药奔月。《文选·王僧达〈祭颜光禄文〉》李善注引《归藏》:"昔嫦娥以西王母不死之药服之,遂奔月为月精。"在神话中,嫦娥本是一个普通人,因吃下不死之药成仙,飞上月亮成为月神。

嫦娥神话出现在何时,虽然很难确定,但时代较为古老则是肯定的。嫦娥的原型是常羲,在神话的传承过程中,从常羲分出嫦娥。《山海经·大荒西经》记载:"有女子方浴月。帝俊妻常羲生月十有二,此始浴之。"常羲是最早的月母。常羲与月亮之间的密切关系逐渐获得世人认可,并聚合了一系列与其有关的神话意象。最著名的就是嫦娥奔月的神话,学界普遍认为嫦娥是常羲衍生出来的人物,常羲与嫦娥都有常/嫦字就是这种说法的有力证据。其后才与后羿神话相联系,与道家仙话相结合,构成嫦娥神话的爱情化和仙话化。

黑格尔认为,想象力是介于直观和思维之间形成概念的重要工具,是直观向思维过渡的桥梁,通过对直观图像的综合统一形成概念,联结和创造意象,从而推动精神的发展。嫦娥形象就是人类基于对月的种种幻想而虚构出的一个人物,这个形象一经产生就带有特定的意向性,她承载着人类面对月亮这一天体产生的探秘自然、祈望长生以及超越生命的局限等种种愿望。无论是作为生月、浴月的月母常羲,还是奔月的月神嫦娥,最早的月亮是作为女性象征出现的。

2. "死而复生"的象征

月中蟾蜍神话最初源自嫦娥奔月,是说嫦娥奔月后化为蟾蜍。《淮南子·精神训》:"月中有蟾蜍。日月失其行,薄蚀无光。"《初学记》卷一引《淮南子》:"羿请不死之药于西王母,羿妻姮娥窃之奔月,托身于月,是为蟾蜍,而为月精。"《后汉书·天文志上》刘昭注引张衡《灵宪》:"羿请无死之药于西王母,姮娥窃之以奔月。将往,枚筮之于有黄。有黄占之,曰:'吉。翩翩归妹,独将西行,逢天晦芒,毋惊毋恐,后且大昌。'姮娥遂托身于月,是为蟾蜍。"《搜神记》记载:"羿请无死之药于西王母,嫦娥窃之以奔月。将往枚筮之于有黄。有黄占之曰:'吉。翩翩归妹,独将西行;逢天晦芒,毋恐毋惊,后且大昌。'嫦娥遂托身于月,是为蟾蜍。"所记述的内容大致相同,表示蟾蜍为嫦娥所化。嫦娥化为月中蟾蜍,然而蟾蜍形象丑陋,而且唯一的行动就是吞食月亮。李白《古朗月行》:"蟾蜍蚀圆影,大明夜已残。"卢仝《月蚀诗》:"传闻古老说,蚀月虾蟆精。径圆千里入汝腹,汝此痴骸阿谁生?"韩愈《月蚀诗效玉川子作》:"忽然有物来啖之,不知是何虫?如何至神物,遭此狼狈凶……尝闻古老言,疑是虾蟆精。"

然而为何嫦娥会与蟾蜍联系在一起呢?这实际上是将月亮形态变化与自然现象相联系,与原始先民的生殖器崇拜相联系,体现了"月"的第二个重要意象即起死回生的象征。学术界认为,月神、蛙神的起源关乎个体的死而复生和种族的长生不死。蛙神拥有死而复生的神秘力量令先民崇拜不已。原始先民以具

●明　唐寅画嫦娥奔月

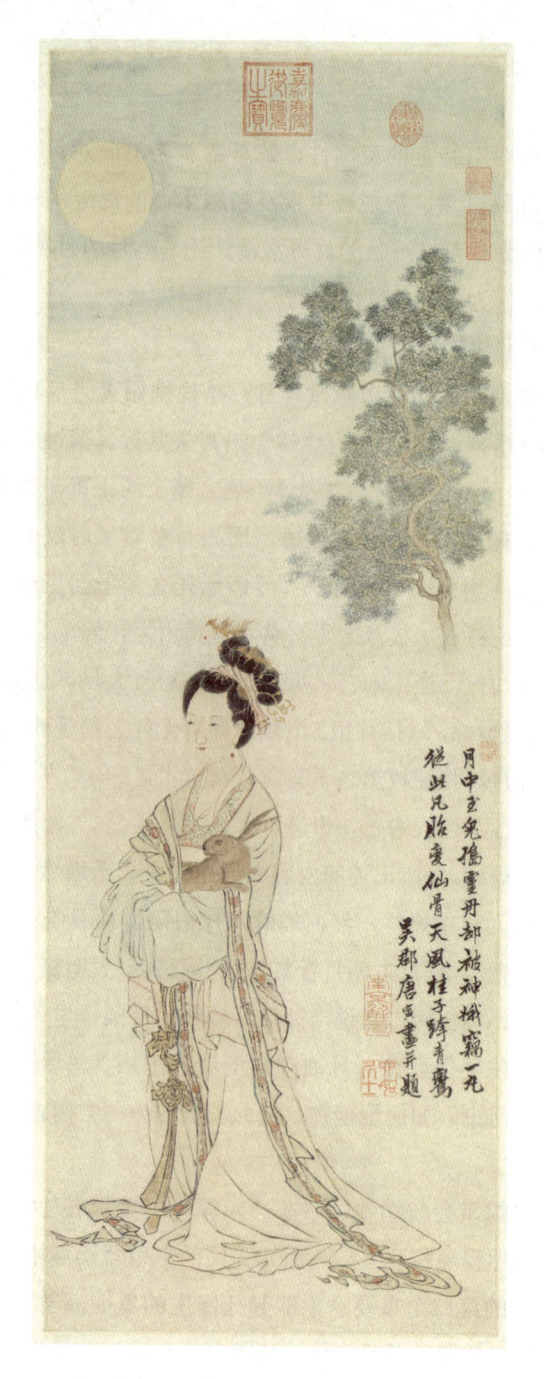

嫦娥怀抱玉兔立于圆月与桂树之下，似有所思。

有生殖能力为"生"，以失去生殖能力为"死"，以生殖能力的失而复得为"死而复生"，这应是初民共同的宗教神话观念，亦为后人所熟悉。《易·系辞下》："天地之大德曰生。"这个"生"即应兼含生殖力。蛙腹可以圆了又瘪，瘪了又圆，如此循环不断，当然具有"死而复生"的神力。

在秋冬季节，蛙会进入冬眠状态，而在春夏季节则会苏醒。古代人缺乏知识，错误地将这种现象解释为蛙具有"死而复生"的神秘能力。因此，原始人崇拜蛙神可能与蛙神本身具有"死而复生"的神秘力量有关。他们祈求"死而复生"，相信灵魂不灭，这是所有原始民族共同的信仰。当他们见到蛙神"死而复生"时，无疑会感到惊奇和敬仰，渴望自己和祖先在死后也能像蛙神一样从地底下复活。所有的原始民族都对日月星辰、天地万物怀有自然的崇敬。月亮的升起和降落、月圆和月缺等自然现象都会引起他们的兴趣，经过长期观察，他们会发现月亮的盈亏规律。《北史》[1]中提到东突厥人和匈奴人像其他游牧民族一样，信仰自然神。他们朝拜太阳升起，月亮升起时则向月神致敬。据说当月亮即将圆满时，他们就会开始行动，进行掠夺和抢劫。这反映了古代游牧社会对月相变化的深刻认识。原始先民发现了月亮的盈亏规律，并将其视为月神具有"亏而复圆""死而复生"力量的象征。他们将这种神秘力量寄托于蟾蜍身上，认为月亮的盈亏象征着生命的不朽和再生，因此对月亮产生了普遍的尊崇和敬畏。

3. 生育和求子的象征

自然环境的恶劣、死亡的威胁经常困扰着原始先民。人们渴望实现死而复生的奇迹，在氏族社会繁衍后代被看作部落得

---

[1]《北史》：二十四史之一，是通过汇合并删节记载北朝历史的《魏书》《北齐书》《周书》《隋书》而编成的纪传体史书。

以繁荣的核心因素，人们追求生养众多子女。这种对于重生和繁衍的向往，衍生出"月"的又一重要意象，那便是象征着人们求子的愿望。原始先民认为月满盈亏犹如蛙腹瘪了又圆，而蛙腹又与孕妇肚腹一样浑圆而膨大，不仅如此，蛙的产卵量相当高，繁殖能力极强，令先民们倾慕不已。除蟾蜍之外，兔也是月亮神话中的一个重要元素。西汉晚期开始，玉兔捣药就出现在画像石中。长沙马王堆帛画右上方月牙儿之上有蟾蜍、仙兔，河南洛阳汉墓壁画和山东临沂出土的汉代帛画月中都有蟾蜍、仙兔的形象元素。

《楚辞·天问》："夜光何德，死则又育？厥利维何，而顾菟在腹？"王逸注："夜光，月也，言月中有兔，何所贪利，居月之腹，而顾望乎？"屈原就是从获利方面对白兔捣药提出疑问。李白《古朗月行》："白兔捣药成，问言与谁餐？"诗中对白兔捣药目的表示疑问。而晋人傅玄认为白兔捣药是为人间兴福降祉。《太平御览》[1]引傅玄《拟天问》："月中何有，白兔捣药，兴福降祉。"

蟾蜍变玉兔还有一个重要原因：受生殖崇拜民俗心理的影响。张华的《博物志》记载："兔望月而孕，自吐其子。"这就暗示了兔子不同寻常的繁殖方式，是从雌兔口中吐出，因而叫"兔子"，也就自然而然地把月亮、兔子、生殖联系在一起。

对生殖崇拜的民俗心理使月亮神话不断丰富。"月中桂树"神话始见于汉代初年并广泛流传。《太平御览》卷四引虞喜《安天论》："俗传月中仙人桂树，今视其初生，见仙人之足，渐已成形，桂树后生焉。"

---

[1]《太平御览》：宋代著名的类书，由李昉、李穆、徐铉等学者奉敕编纂。该书始编于北宋太平兴国二年（公元977年），成书于太平兴国八年（公元983年）。

唐代诗人歌咏月亮的作品，不少都提到桂树。李白《古朗月行》："仙人垂两足，桂树何团团。"韩愈《月蚀诗效玉川子作》："依前使兔操杵臼，玉阶桂树闲婆娑。"李商隐《同学彭道士参寥》："月中桂树高多少，试问西河斫树人。"唐段成式《酉阳杂俎·天咫》："旧言月中有桂，有蟾蜍，故异书言月桂高五百丈，下有一人，常斫之，树创随合。人姓吴，名刚，西河人，学仙有过，谪令伐树。"这是有关月中桂树神话最完整的记载。同时月桂树还有一个传说，相传在杭州，中秋之夜，月亮上有很多桂子会掉落在人间，而"桂"与"贵"同音，所以也就演变成了"贵子"。于是百姓就会在中秋月夜纷纷到外面拾桂子，希望早生贵子，这是求子的一种方式。

4. 期盼团圆的象征

魏晋时期，"嫦娥奔月"神话有了新的演变，不再与丑陋的蟾和捣药的玉兔相联系，而是恢复了月神美好的形象。嫦娥不再是偷灵药的人，而是演变成另一种神话形象。传说后羿有一个温柔和善的妻子，叫作嫦娥。后羿在射下九个多余的太阳之后，有一天遇到西王母，求得了不老药。传说，吃了这包药，就能位列仙班，后羿不忍心抛下妻子，于是将不死药放在嫦娥那里珍藏。不巧此事被心怀不轨的弟子蓬蒙得知，后羿狩猎时嫦娥独自在家，蓬蒙乘虚而入，强迫嫦娥交出不死药，无奈之下，嫦娥吃了不死药，遂向月亮飘去。后羿得知后，望月而叹，摆设了供台，希望妻子回到家中与自己和儿女生活在一起。这种中秋祭月、拜月的习俗为大众广泛接受与传播，这是因为其内涵彰显了对团聚、亲情、忠贞的向往与追求。因为正处中秋，所以叫作"中秋节"。于是神话与民俗联系在一起，满月便成了百姓期盼团圆的象征。

第三节 龙

"龙",是古代中国神话中的神秘生物,形如鳞虫,是中华民族最具代表性的象征之一。传说中,"龙"拥有飞行的能力,善于变化,能够呼风唤雨,与凤凰、麒麟等被列为祥瑞之物。在《尔雅翼》中,"龙"被描述为"角似鹿、头似驼、眼似兔、项似蛇、腹似蜃、鳞似鱼、爪似鹰、掌似虎、耳似牛"。王充在《论衡·龙虚》中提到,"龙,马、蛇之类也";《洪范五行传》记载有"龙,虫之生于渊,行于无形,游于天者也";《说文解字》中描述龙为"鳞虫之长,能幽能明,能细能巨,能短能长,春分而登天,秋分而潜渊"。

"龙"并非自然界客观真实存在的生物,而是源自古老神话传说,起源于古代的图腾崇拜,是中华民族先民们汇集各种图腾崇拜特征,并发挥丰富想象力创造的产物。"龙"的形象丰富了中华民族的文学与艺术,展现了初民瑰丽而玄妙的想象,代表了对自然的认知和对美好生活的向往。关于"龙"形象的起源,主要有三种说法:一是"龙"源于蛇;二是源于鳄;三是自然现象被神化或物态化的结果,例如闪电、虹、雷等。

一、"龙"图腾崇拜的原始意象

在民间神话中,"龙"是作为神兽形象出现的。原始先民们是弱小的,而周围环境是非常恶劣的,为生存繁衍,他们要和天气、猛兽作战,要和其他部落作战。他们需要精神的支撑,于是他们用猛兽猛禽作为部落的图腾以壮声威。

在中国古典神话中,炎、黄二帝被视作两条龙,他们都是少典的儿子。炎帝人首牛身,在姜水边长大,所以姓姜。黄帝身材伟壮,长在姬水边,所以姓姬。后来两个部族发生大战,黄帝用大将力牧率领虎、熊、貔、貅艾，终于打败了炎帝，黄帝族势力进入中部地区，那么，有没有比这些猛兽更勇猛、更敏捷甚至可以腾云驾雾、呼风唤雨、变化无穷的猛兽呢？暴雪骤雨、海啸飓风、雷鸣电闪的景象又是什么力量制造出来的呢？先民们无法解说。于是，"龙"这种威力无比的神兽便在先民的神话中出现了，并且成为氏族部落的图腾。

古典神话中，鲧奉天帝之命治水。鲧对付洪水的办法是围堵，可是洪水不断突破他的堤防和水坝，于是鲧盗取了天庭的宝物——"息壤"。"息壤"是一种会不断生长的土壤，能够使得鲧的围堵不会再失效。在"息壤"的帮助下，人们脱离了洪水的灾难，离开了贫瘠的山丘和洞穴，在大地上重新开始生活。天帝发现"息壤"被盗，十分震怒，收回了"息壤"，让洪水重新肆虐大地。鲧不但无法拯救这些凡人，自己也被尧用雷电劈死。《左传·昭公七年》记载："昔尧殛鲧于羽山。"治水失败的鲧怀着满腹的怨恨，死不瞑目，尸身经过了三年都不腐坏。尧怕鲧的尸身异变，于是派出勇士用锋利的吴刀将鲧的尸身剖开，看到鲧的怨气积在腹中，变成了一条黄龙，这条黄龙也就是鲧的儿子禹。《山海经·海内经》记载："鲧死，三岁不腐，剖之以吴刀，化为黄龙。"《路史·后纪》中记述了禹的非凡降生："（鲧）殛死三岁不腐，副之以吴刀，是用出禹。"后来禹用疏导的方式治理了洪水。而在治水的过程中，他一方面运用水神的力量，另一方面也收服了许多只兴风作浪的孽龙，使其帮助他治水。长江三峡中的"斩龙台"和"错开峡"就是传说中当年禹斩掉一条乱开水道险些误了大事的孽龙的地方。《左传·昭公二十九年》："（夏代）有御龙氏。"据传，尧的后裔被封为御龙氏。夏王朝，是中国历史上的第一个王朝，其氏族部落也是以"龙"为图腾的。

以"龙"为图腾的氏族部落,一定是一个强势或逐渐强势的氏族部落,它的实力和影响要大于其他氏族部落。在氏族部落的战争中,它的实力越来越雄厚,声望越来越高,最终统一其他氏族部落,成为它们的领袖。这个以"龙"为图腾的氏族部落应该就是司马迁《史记·五帝本纪》中的黄帝、颛顼、帝喾、尧、舜世系的"五帝"氏族部落,再至禹建立夏朝。作为图腾的"龙"代表了神秘强大的力量,自古以来人们就很敬畏它,尊崇它。

二、神话演变中"龙"的意象

1. 水神和雨神的象征

　　《山海经》中关于应龙行云布雨的记载有三处。《山海经·大荒北经》:"大荒之中,有山名曰成都载天。有人珥两黄蛇,把两黄蛇,名曰夸父。后土生信,信生夸父。夸父不量力,欲追日景,逮之于禹谷,将饮河而不足也,将走大泽。未至,死于此。应龙已杀蚩尤,又杀夸父,乃去南方处之,故南方多雨。"《山海经·大荒北经》:"有人衣青衣,名曰黄帝女魃。蚩尤作兵伐黄帝,黄帝乃令应龙攻之冀州之野。应龙畜水,蚩尤请风伯、雨师纵大风雨。黄帝乃下天女曰魃,雨止,遂杀蚩尤。魃不得复上,所居不雨。"《山海经·大荒东经》:"大荒东北隅中,有山名曰凶犁土丘。应龙处南极,杀蚩尤与夸父,不得复上,故下数旱,旱而为应龙之状,乃得大雨。"学者王逸注:"案后世以应龙致雨,义盖本此也。"透过扑朔迷离的神话外衣,不难看出"应龙致雨"的神话实质上是远古祈雨巫术的记录,"为应龙之状"即一种模仿应龙动作进行的祈雨巫术仪式。所以,丁山先生认为深蕴在"应龙杀蚩尤"这类神话中的真正的内涵,是把农业生产者受了旱灾的威胁而举行祈雨的典礼演绎成了祈雨神话。

根据《山海经》的综合记载,应龙原为天上掌管降雨的神明,由于帮助黄帝击败蚩尤和夸父,应龙与早期的天女旱魃一样被困在人间,无法返回天上。它栖息在大荒东北的凶犁土丘山的最南端,因此南方常有雨水。由于失去了掌管云雨的神明,天上的干旱灾害频繁发生。遇到干旱时,人们会模仿应龙的形象来祈求降雨,结果往往取得了丰沛的雨水。在大禹时期,洪水泛滥成灾。传说中,大禹在治水过程中得到了应龙的协助。应龙以尾画地,大禹便据此划定河道、疏导洪水,从而治水成功。《楚辞·天问》:"河海应龙,何尽何历?"王逸注:"或曰:禹治洪水时,有神龙以尾画地,导水所注当决者,因而治之也。"《太平广记》卷二二六引《水饰图经》亦载"禹治水,应龙以尾画地,导决水之所出。"这也是对应龙神话的进一步补充,尽管情节变幻万千,但应龙的传说依然紧密联系着其控水的属性。

在中国神话中,应龙属于水神系列,因为先民相信龙是水中神物,认为它能够行云布雨。特别是在农耕社会,农业生产对于雨水、温度、阳光等自然气候条件更为依赖。作为能够直接"行云布雨"的龙,由于其掌控雨水的职能属性,成为人们崇拜的重要对象。早在战国时期,就有通过塑造应龙形象来祈求雨水的传统。《山海经》中记载:"旱而为应龙之状,乃得大雨。"郭璞解释说:"今之土龙本此。气应自然冥感,非人所能为也。"自汉代以来,应龙常被塑造成土龙形象,用于祈雨,如《淮南子·说山训》中所言:"圣人用物,若用朱丝约刍狗,若为土龙以求雨。"《淮南子·地形训》中也提到:"云母来水,土龙致雨。"高诱解释说:"汤遭旱,作土龙以象龙。云从龙,故致雨也。"古代先民认为龙是掌控风雨的神灵,向龙神祭拜便能够求得雨水,缓解旱情。

2."光"的象征

在中国神话中,形成昼夜的光,是与天地自然一样古老的神龙烛阴的眼光。《山海经·海外北经》记载:"钟山之神,名曰烛阴,视为昼,瞑为夜,吹为冬,呼为夏。不饮,不食,不息,息为风,身长千里……其为物,人面蛇身,赤色,居钟山下。"烛阴是一条身长千里的巨蛇,它不仅掌管着昼夜的更替,而且还掌管着四季的轮回。《大荒北经》有载:"西北海之外,赤水之北,有章尾山。有神,人面蛇身而赤,直目正乘,其瞑乃晦,其视乃明,不食不寝不息,风雨是谒。是烛九阴,是谓烛龙。"烛龙"不食不寝不息",它的生命与天地同在。烛龙是原始先民想象的产物。由于蛇生于地下,与黑暗和混沌相连,所谓"烛九阴",也就是指蛇的眼光能照亮地下的黑暗和世界的混沌。烛阴的眼睛是纵向生长的,它的眼睛一闭一合,日月交替、时光流逝。巨蛇在先民的想象中衍化为龙神,如果忽略烛阴的龙神身份,那么,它的存在状态比较类似于老子所说的"道":寂然不动、不增不减、无始无终、与世长存。在《山海经》中,"烛"是火和光明的化身,其有神性;人们对火进行祭祀,就是对"光"的崇拜。"烛阴""烛龙"的"烛"原本指火把。据《西山经》记载,羭山的人们使用"烛"进行祭祀山神的活动:"羭山,神也,祠之用烛,斋百日以百牺,瘗用百瑜,汤其酒百樽,婴以百珪百璧……烛者,百草之未灰,白席采等纯之。"这里所说的"烛"不是后世所说的蜡烛,而是指用百草束成的尚未燃烧的火把。郝懿行注"烛"云:"此盖古人用烛之始,经云'百草未灰',是知上世为烛,亦用麻蒸苇苣为之。详见《诗疏》及《周礼疏》。"[1]

---

[1] 袁珂. 山海经校注(增补修订本)[M]. 成都:巴蜀书社,1993:39.

3. 沟通天人的象征

"龙"在先民心中具有天人合一的象征意义。面对浩瀚的自然时，人常感到自身微小且力量有限，因此得道之人常需要"龙"的协助来实现升天或周游的愿望。以"龙"作为沟通天人的中介成为可能。

在《楚辞》中，关于"龙"的神话传说很多。《离骚》："跪敷衽以陈辞兮，耿吾既得此中正。"屈原回顾历史，思及有德以治理天下的禹、汤、文王三位君主，以及有恶故而亡身的羿、浇、桀、纣四位君主，还有忠臣却因未遇明君而身首异处的龙逢、比干两位贤臣。屈原反思这三种情况，深明中正之道，达到神与化游的境界。这时就可以乘云驾龙，在行动上突破了作为人的局限，周历天下。屈原借助"龙"来实现"精合真人，神与化游"的天人合一的境界。可以说，"龙"在这里成为沟通天人的纽带。此外，在《九歌·云中君》《九歌·河伯》《楚辞·远游》中，云神、河伯等神仙都乘龙。传说商代贤相傅说[1]死后即乘苍龙之箕尾升天。"龙"在众多的传说中带有了浓厚的神性，或为神仙的坐骑，或为神仙的化身，或为凡人得以成仙的凭借。

通过乘龙周游四海、乘龙升天以及以"龙"拯救百姓等例子，我们可以看出，《楚辞》中的"龙"意象在很大程度上体现了沟通天人的功能。这一意象赋予了主人公"神性"，成为得道之人与上天沟通的媒介。因此，"龙"常常存在于天人之间，作为人类接触天的途径。

4. 皇权的象征

随着文字记载的发现和大量的文物出土，我们能够追溯"龙"的形象的历史。从商周秦汉时期的青铜器和漆器，到明清时期

---

[1] 傅说（约前1335年—约前1246年）：殷商时期卓越的政治家、军事家，留有"知之非艰，行之惟艰"的名句。

的陶瓷、石雕、木雕和刺绣,再到如今的商标和广告,各种"龙"的纹饰和造像都在历史的长河中留下了丰富的痕迹。这些现象不仅仅是民族心理和精神的外在表现,更是"龙"文化对中华民族影响深远的体现。"龙"文化对中华民族的影响已经深入人心,是不可撼动的一部分。中华民族也被称作"龙的传人"。例如,刘邦建立大汉王朝,传说中他是赤帝的儿子。司马迁在《史记·高祖本纪》中记载:"高祖,沛丰邑中阳里人,姓刘氏,字季。父曰太公,母曰刘媪。其先刘媪尝息大泽之陂,梦与神遇。是时雷电晦冥,太公往视,则见蛟龙于其上。已而有身,遂产高祖。"这一传说为刘邦树立了"龙之子"的形象,赋予了他扬名立威、夺取政权、统治天下的权威。

在司马迁所著的《史记》中,还有一些章节根源于神话传说,将"龙"的意象发展成为皇权的象征,成为皇帝统治百姓的工具。皇帝被尊称为"真龙天子",借助神话的威力巩固了统治地位。

"龙"的神话起源于华夏民族,"龙"文化深深植根于华夏民族,其强大的辐射力、吸纳力和同化力,也深深地影响着其他民族。蒙古族灭宋建立元朝,满族灭明建立清朝,它们基本承继了前朝以"龙"文化为背景和氛围的朝廷体例。"龙"一直是皇权的象征。清朝时期,黄龙旗被作为国旗使用于外交场合。

5. 吉祥的象征

随着社会民俗的发展,"龙"作为吉祥瑞兽的一面越来越显现,并重新回归到民间。每到正月,舞龙成了受老百姓欢迎的娱乐节目。在南方,每到端午节都会举行娱乐性质的龙舟大赛。在婚礼中,人们会贴上"龙凤呈祥"的对联,希望早生子女,接着就是"望子成龙"。因此,鲤鱼跳过"龙门"变化为"龙"的纹饰也出现在明清以来的瓷器上。神话传说中的"龙"经历了几千年,从民间起源走向皇室,再从皇室回到民间。回到民间的"龙",其内涵不再是图腾崇拜,不再是皇权象征,而是成为吉祥喜庆的载体。

第四节 凤凰

凤凰,又作"凤皇",亦称凤鸟、丹鸟、火鸟、鹍鸡、威凤等,是百鸟之首、吉祥之鸟,故在此单独列出。其为中国古代神话传说中的一对鸟类神兽组合,起初并无雌雄之别,后来人们称雄为"凤",雌为"凰",合称为凤凰。

《尔雅·释鸟》:"凤,其雌皇。"郭璞注:"凤,瑞应鸟,鸡头、蛇颈、燕颔、龟背、鱼尾,五彩色,高六尺许。"《说文解字》:"凤,神鸟也。天老曰:'凤之像也,麐前鹿后,蛇颈鱼尾,龙文龟背,燕颔鸡喙,五色备举。出于东方君子之国,翱翔四海之外,过昆仑,饮砥柱,濯羽弱水,莫宿风穴,见则天下大安宁。'"《广雅》:"凤凰,鸡头燕颔、蛇颈鸿身、鱼尾骈翼。"

"凤"同"龙"一样也是多种动物特征结合的产物,关于凤的原型,学术界一直存在争议。普遍可以归纳为四种:其一,凤凰就是孔雀。康殷先生分析甲骨文的"凤"字指出,凤与孔雀形似[1]。孔雀是体形较大的飞禽,因而其名字饰之以"孔",孔雀就是大雀,它的尾巴艳丽多姿,它的神态优雅高傲,它的声音洪亮清脆,具有与众不同的特色,在鸟类之中别具个性。而孔雀的外形与象形字的凤凰十分相近,因此,有很多人认为孔雀就是凤凰的原型。其二,凤凰的基本原型是鸡。《山海经·南山经》说:"丹穴之山……有鸟焉。其状如鸡,五采而文,名曰凤皇。"《广雅》:"凤皇……雄鸣曰即即,雌鸣曰足足。"这些古籍中直接将鸡等同于凤凰。其三,凤凰是玄鸟的化身。闻一多

---

[1] 康殷. 文字源流浅说 [M]. 北京:荣宝斋出版社,1979:180.

在《离骚解诂》中认为凤凰即玄鸟,举出《九章·思美人》"高辛之灵盛兮,遭玄鸟而致诒"、《离骚》"凤皇既受诒兮,恐高辛氏之先我",以玄鸟为凤凰。凤凰盘旋现于天空,是天下太平、国泰民安的吉祥之兆,寓意吉祥、永生。郭沫若也认为"玄鸟就是凤凰"。袁珂先生明确指出:"玄鸟即燕子的化身,玄鸟再经神话化,又为凤凰。"[1]《逸周书》[2]:"春分之日,玄鸟至。"《吕氏春秋·仲春纪》:"是月也,玄鸟至。"高诱注:"玄鸟,燕也。春分来秋分去。"其四,凤凰是多种雉鸟的组合,其形象择取多种动物的特点综合而成,没有哪种鸟类在构成比例上占绝对优势。刘城淮《中国上古神话通论》一书就认为凤凰是以雉类图腾和鹰类图腾为主干,综合其他雉鸟塑造出的神祇[3]。凤凰是雉鸟的升华,是从多种飞禽形象中抽象出来的艺术造型。

一、"凤"图腾崇拜的原始意象

《诗经·商颂·玄鸟》记载:"天命玄鸟,降而生商,宅殷土芒芒。"《史记·殷本纪》:"殷契母曰简狄,有娀氏之女,为帝喾次妃。三人行浴,见玄鸟坠其卵,简狄取吞之,因孕生契。"秦人的祖先也是玄鸟授孕后诞生,《史记·秦本纪》:"秦之先,帝颛顼之苗裔孙曰女修。女修织,玄鸟陨卵,女修吞之,生子大业。大业取少典之子,曰女华。女华生大费,与禹平水土……大费生子二人:一曰大廉,实鸟俗氏……大廉玄孙曰孟戏、中衍,鸟身。"这里中衍保留了人面鸟身的形象,足以证明秦国对鸟类

---

[1] 袁珂. 山海经校注[M]. 上海:上海古籍出版社,1980:208.

[2]《逸周书》:中国古代历史文献汇编,又名《周书》,隋唐以后亦称为《汲冢周书》。主要记载从周文王、周武王、周公、成王、康王、穆王、厉王到景王年间的时事。

[3] 刘城淮. 中国上古神话通论[M]. 昆明:云南人民出版社,1992:260.

的崇拜。在这一时期，人们已经具备了祖先的概念，但仍无法解释自己存在的原因。出于原始的求安心理，他们将图腾视为自己的祖先，形成了一种神秘的亲缘关系。图腾鸟在此处扮演着氏族祖先的角色，促进了氏族的繁荣和壮大，寄托了保护和庇佑氏族成员的美好愿望。

二、神话演变中"凤"的意象

1. 祥瑞的象征

在神话中，若有一种生物或植物，能够同时展现出"五彩"或"五色"，那么其性质必然非同凡响。通过它们，人与神之间的交流和沟通得以实现。在《山海经》中，凤鸟与"五彩"密切相关。根据统计，《山海经》中共出现"五采"一词12次，其中有8次用来描绘凤鸟；《南山经》记载，有一种鸟，形似鸡，羽毛五彩斑斓，名为凤皇，头部寓意德行，翅膀寓意义气，背部寓意礼仪，胸部寓意仁爱，腹部寓意信念。这种鸟自给自足，自娱自乐，出现时世界平安。根据描述，凤鸟具有五彩斑斓的羽毛，形态类似于锦鸡和丹顶鹤，善于歌唱和舞蹈。凤鸟出现的地方通常是食物丰富、环境安静的地方，如《海外西经》中所记的"诸夭之野"："此诸夭（沃）之野，鸾鸟自歌，凤鸟自舞；凤皇卵，民食之；甘露，民饮之，所欲自从也。百兽相与群居。"这里描述了一个人间乐园，生活无忧无虑，人与百兽和谐相处。凤鸟出现的地方常常是超凡脱俗之地，如天帝的祭坛、日月的居所或天帝族裔的居住地，不是普通人可以到达的地方。看见凤鸟的人也都是天帝族裔，属于神人之类。凤鸟象征着幸福乐园，但似乎只存在于遥远的彼岸世界，普通人难以触及。

2. 不死鸟

许慎的《说文解字》中对凤凰做了一定描述：凤凰的前身

像麟,后尾像鹿,颈部像蛇,尾部像鱼,背上有龙纹、背部像龟,头颈像燕,嘴巴像鸡,羽毛五彩斑斓。它来自东方有名的国家,飞翔于四海之外,路过昆仑山,饮用砥柱之水,在弱水中清洗羽毛,在风穴中栖息,见到它时世界将会安宁无忧。近代,郭沫若在其诗歌《凤凰涅槃》中强调了"凤凰涅槃"的概念,展现了凤凰"重生"的新形象,通过凤凰浴火而重生,暗喻在烈火中焚烧旧秩序的枷锁,在火焰中创造自由、解放和新生,表达了诗人对自由、平等与和谐的向往和呼唤。因此,凤凰被视为不死鸟的象征,代表着永恒的生命。

第五节 狼

在先秦到隋以前的历史阶段,狼的象征意义呈现出多元而并存的特征。在当时的文献典籍中,狼的形象更多地被描绘为具有负面的、恶劣寓意的象征,然而与此同时,也承载着正面的、美好事物的比喻、象征意义。

1. 圣德的象征

《礼记·玉藻》中提到:"君之右虎裘,厥左狼裘。"郑玄在注解中指出:"卫尊者宜武猛。"这里的狼显然被赋予正面的寓意,象征着勇猛和力量。《太平御览》卷二百七十一引用《太公六韬》也提到:"大人之兵,如狼如虎,如雨如风,如雷如电,天下尽惊,然后乃成。"在《诗经》的解释中,狼还具有象征圣德的内涵。《诗经·狼跋》中描述:"狼跋其胡,载疐其尾。公孙硕肤,赤舄几几。"《诗序》解释道:"《狼跋》美周公也。"《毛诗诂训传》指出:"老狼有胡,进则躐其胡,退则疐其尾,进退有难,而不失其猛。"这喻指周公遭受流言中伤,但仍然不失其圣明,成功地推动了周道的实现。《郑笺》更为明确地解释:"周公进则躐其胡，犹始欲摄政，四国流言，辟之而居东都也；退则跲其尾，谓后欲复成王之位，而老，成王又留之，其如是，圣德无玷缺。"汉代及汉以前的观念中，狼被视为可以作为正面象征的元素。

2. 白狼：祥瑞

相当独特的是白狼。《竹书纪年》记载成汤时："有神牵白狼衔钩而入商朝。"郭璞在《山海经图赞》中写道："矫矫白狼，有道则游，应符变质，乃衔灵钩。惟德是适，出殷见周。"《艺文类聚》卷九九引用《瑞应图》也提到："白狼，王者仁德明哲则见。"《宋书》卷二十八《符瑞》写道："白狼，宣王得之而犬戎服。"这些都是将白狼看作一种吉祥物对待的例子。《宋书》卷四十六《王懿传》叙述：王懿与兄睿同起义兵，与慕容垂战，失败后逃跑，路经大泽，会水潦暴涨，不知所往。有一白狼领路，始得免于大难。白狼成为人们祥瑞信仰的象征。

3. 祖先的象征

古代中国北方的游牧民族起源于广阔的大漠，不少民族将狼视为图腾神兽。在他们的传说中，狼与族群的起源和兴起紧密相连，承载着古老的狼祖神话。乌孙人将狼奉为神灵，《史记·大宛列传》中有所记载："乌孙王号昆莫，昆莫之父，匈奴西边小国也。匈奴攻杀其父，而昆莫生，弃于野，乌衔肉蜚其上，狼往乳之。单于怪以为神，而收长之。"[1] 在这个故事中，狼被赋予神性，被构筑成在战乱中救助和哺育乌孙幼主的狼祖形象。

关于突厥的起源，《北史·突厥传》也有相关描述：突厥人先居住在西海之右，形成独立的部落……后来被邻国击败，族群几乎被灭绝，只剩有一名男孩，大约十岁，兵士见其幼小，不忍杀之，于是刖其足断其臂，抛弃在草泽中。有一只母狼以

---

[1] 司马迁. 史记 [M]. 北京：中华书局，1972：316.

肉为食喂养他,当男孩长大后与狼结合,母狼生下十个儿子,这十个儿子长大后,各自成家立业,最后形成了各自的家族,而阿史那就是其中之一,成为君长。因此,族门建起狼头纛以表示不忘本源。在这个故事中,幼子受敌国残害而被抛弃,却奇迹般地得到狼的救助而得以幸存,长大后甚至融入狼族的族群规则之中,在神狼的引领下找到了适宜的栖居之地。《魏书》卷一〇三《高车传》:"匈奴单于生二女,姿容甚美,国人皆以为神。单于曰:'吾有此女,安可配人,将以与天。'乃于国北无人之地筑高台,置二女其上,曰:'请天自迎之。'经三年,其母欲迎之,单于曰:'不可,未彻之间耳。'复一年,乃有一老狼,昼夜守台嗥呼,因穿台下为空穴,经时不去。其小女曰:'吾父处我于此,欲以与天。而今狼来,或是神物,天使之然。'将下就之。其姊大惊曰:'此是畜生,无乃辱父母也!'妹不从,下为狼妻而产子,后遂滋繁成国。故其人好引声长歌,又似狼嗥。"

据说,蒙古族的起源也与狼息息相关。据《蒙古秘史》[1]所载,流传广泛的"苍狼白鹿"传说揭示了蒙古族的族源神话:一只银灰色的苍狼在天神的引导下与一只白鹿交配,随后跨越海洋来到不儿罕山鄂嫩河的源头,生下了巴塔赤罕,即蒙古人的祖先。因此,蒙古族也将狼视为其始祖。《多桑蒙古史》中记录了这样一件事:成吉思汗的继承者窝阔台用重金从伊斯兰教徒手中救下一只受伤的狼,狼受伤后却又被猎犬所伤致死。窝阔台见此状忧心说道:"我疾日甚,欲放此狼生,冀天或增寿。孰知其难逃命,此事于我非吉兆也。"窝阔台的言辞被视作预兆,没过多久,他便因病去世。这一事件凸显了统治者对神狼符号的认同与崇敬,并将自身的命运与狼的存亡联系在一起。

---

[1]《蒙古秘史》:约成书于13—14世纪,作者佚名,记述了蒙古民族500多年形成、发展、壮大的历史。

这些神话传说反映了狼长期以来作为神圣图腾存在于中国北方一些少数民族的集体记忆中。草原民族过着游牧生活,随着水草丰茂与枯竭而迁徙。他们生活的环境十分恶劣和危险,一方面要应对自然灾害和凶猛野兽的威胁,另一方面还要面对部落间因争夺水草而引发的战争。狼是这些民族的先民生活中最为常见的动物之一,人们既对其攻击性和破坏力感到恐惧,又对其凶猛、狡黠的头脑以及不可战胜的力量心存敬畏。他们渴望与图腾人格融为一体,效仿狼的勇猛、坚韧和进攻性,创造出适应其生活方式的方法。草原民族的狼图腾神话无疑是对其勇敢、坚韧的民族精神的生动诠释。

"突厥族视狼为战神,在突厥民族英雄乌古斯可汗的传说中,是苍狼引导他们战无不胜,一路走向胜利。"[1] 突厥可汗的护卫战士以狼为名,意在表达他们的勇敢和坚毅。著名的突厥文碑铭《阙特勤碑》中也以狼来赞美士兵的勇敢。在哈萨克民族的谚语中,狼象征着英勇和豪壮。古代文物的图案中,常见狼与鹰头、鹰翅相连,向着狮子、老虎发起进攻的场景,以此来赞颂其勇敢、刚毅和强悍。

4. 罪恶的象征

随着人类生产力的提高和社会文明的进步,人类的主体地位不断增强,对自然环境进行改造和控制的能力和愿望也日益增加。曾经被尊崇为精神象征的狼逐渐失去了神圣的光环,在人们心目中渐渐变得黯淡无光。各民族开始崇尚自己的英雄,编织属于自己的史诗和传说。农业文明的发展,使得农业社会对狼这种具有威胁性的野生动物持有警惕和敌视态度。加之狼长期以来对人类的威胁,人们渐渐夸大和强调了狼的野蛮、凶

---

[1] 耿世民. 乌古斯可汗的传说 [M]. 乌鲁木齐:新疆人民出版社,1980.

残和贪婪等负面特征。因此，在一些民间故事中，狼逐渐成为负面形象的代表。这反映了民族文化中对狼角色定位的转变。《广异记》[1]中记载，在绛州正平县的一个村庄中，有一位老翁化身为老狼，经常伤害人，后来被他的儿子所杀。另一村庄的年轻人因病失去理智，之后变成了狼，偷食村中的儿童。无论是老狼还是小狼，只要以狼的形态出现，就被视为凶恶的、对人类有害的存在。

《中山狼传》透过一个生动的故事展示了狼的恩将仇报、凶险贪婪，警示人们不可心生怜悯地对待像狼一样的恶人。在《阅微草堂笔记》卷十四中，有一段记载："有富室偶得二小狼，与家犬杂畜，亦与犬相安。稍长，亦颇驯，竟忘其为狼。一日，主人昼寝厅事，闻群犬呜呜作怒声，惊起周视，无一人。再就枕将寐，犬又如前。乃伪睡以俟，则二狼伺其未觉，将啮其喉，犬阻之不使前也。乃杀而取其革。"故事讲完后，作者感叹道，狼子的野心，不仅仅是虚言，它们心怀野心，明面上对人类表现得亲切，实际上却暗藏着无法预料的阴谋。在这个故事中，狼成为邪恶的象征，其形象基本上是凶险而残忍的。

第六节　鸟

神话传说中的鸟作为人类共同的幻想对象，展现了人类对天空的向往和想象。当太阳神化为鸟时，鸟成了太阳的象征。有些鸟被描绘为太阳的使者，给人们带来光明和温暖；有些被视为太阳的所有者，统辖着光明之权；还有一些被认为是太阳的承载者，每天驮着太阳飞翔于天际。

---

[1]《广异记》：唐代戴孚创作的志怪传奇小说集，原书二十卷，今存六卷。

一、"鸟"作为图腾崇拜的原始意象

《山海经》中，记载着一种将太阳运行的能力归功于神鸟或把神鸟当作太阳化身的观点，也即被人们辗转相传的"金乌负日"与"明离阳鸟"神话。前者见于《大荒东经》，"汤谷上有扶木，一日方至，一日方出，皆载于乌"，意思是，昼夜交替是由十日循环运转而形成，太阳轮流出入扶木，靠着神鸟负载而得以飞行。很显然，这则经文是将太阳的飞翔能力解释为神鸟的背负托举，把神鸟描述为太阳的坐骑了。另外一则有关太阳与鸟的描述见于《海外东经》，"汤谷上有扶桑，十日所浴……有大木，九日居下枝，一日居上枝"，表明太阳在待命于扶桑树，尚未起飞的时候，会像鸟一样栖息在枝头，传达出一种太阳与神鸟可以相互转化的理念。原始初民从太阳的凌空运行、鸟类在空中飞的现象中，认为太阳与鸟类是相似的或是等同的物体，从而想象太阳就是鸟类。

鸟在中国神话中除了代表太阳的三足乌和作为图腾标志的凤凰，还有着很多其他的意象表达。

二、神话演变中"鸟"的意象

1. 生命转化的象征

生存和死亡是先民最直接的个体体验，原始人生命异常脆弱，他们更能深切体会到死亡带来的痛苦，但死亡在先民的认识中一直是一个模糊的概念。人们找到了一种可以抵制死亡带来的恐惧的力量，这种力量就是对生命的坚固性、生命不可征服与毁灭的坚定信念，原始人坚信自己是不会真正死亡的，死亡等同于再生，所谓的死亡不过是灵魂在周而复始的圆环旅程中的一个阶段。他们认为自然万物都具有鲜活的生命，都暗藏着神秘而不可言说的灵魂。这种"万物有灵论"将人之外的一切视为具有灵魂和精神的存在。因此当人类肉体死亡,灵魂离开肉体寻找新的宿主的时候,世间万物便都可以承担这样的角色,成为灵魂新的栖息地。《北山经》记载:"有鸟焉,其状如乌,文首、白喙、赤足,名曰精卫,其鸣自詨。是炎帝之少女,名曰女娃,女娃游于东海,溺而不返,故为精卫,常衔西山之木石,以堙于东海。"实际上女娃就是探求永生的英雄形象典范,她不甘心生命被大海吞噬,就化身为精卫鸟,发誓要以弱小的身躯填平浩瀚的东海以实现自己的复仇。这种通过变形为灵魂鸟的死生转化,是一种灵魂不死的生命观念,是一种生生不息的生命意识,这种意识是建立在对死亡的忧患和对生命的渴望与追求的基础之上的。

《西山经》记载:"又西北四百二十里,曰钟山,其子曰鼓,其状如人面而龙身,是与钦䲹杀葆江于昆仑之阳,帝乃戮之钟山之东曰崾崖,钦䲹化为大鹗,其状如雕而黑文白首,赤喙而虎爪,其音如晨鹄,见则有大兵;鼓亦化为鵔鸟,其状如鸱,赤足而直喙,黄文而白首,其音如鹄,见则其邑大旱。"鼓和钦䲹因为杀害葆江被天帝杀戮,死亡在神话中成了重生的必然步骤,钦䲹化为鹗鸟,长相如凶猛的雕,还具有老虎的爪子;鼓化为鵔鸟,长相如丑陋的鸱。它们都是以猛禽的形象出现,或是带来战乱,或是带来干旱,通过给人间制造灾难的方式向天帝示威。汉乐府民歌《孔雀东南飞》中,焦仲卿和刘兰芝没有办法实现自己的爱情理想的时候便双双殉情,化为鸳鸯,引颈长鸣。这些灵魂鸟都是人们含冤而死的产物,是一种冤魂在继续人们生前未竟的事业。可见当人们的愿望在现实生活中无法实现的时候,他们便幻想在死后能以另一种形式重生以弥补其未遂之愿,形成生生不息、大化流行的哲学。这些人鸟相禅的神话蕴含着古代人民对生命的追求与期盼，寄托着人们对未来的美好愿望。

2. 占卜凶吉的象征

赵沛霖在《先秦神话思想史论》一书中将神话按功能进行分类，认为有一种神话可称为物占神话。原始物占是以特定物象作为吉凶善恶的征兆，以此来推究神的旨意。《南山经》记载："有鸟焉，其状如鸡，五采而文，名曰凤皇，首文曰德，翼文曰义，背文曰礼，膺文曰仁，腹文曰信。是鸟也，饮食自然，自歌自舞，见则天下安宁。"《北山经》记载："有鸟焉，其状如蛇，而四翼、六目、三足，名曰酸与，其鸣自詨，见则其邑有恐。"鸟卜习俗在西汉较为流行，相传为东方朔所作的《阴阳局鸦经》就是运用乌鸦进行占卜的著作："凡占鸟之鸣，先数其声，然后定其方位，假如甲日，一声即是甲声；第二声为乙声，以十干数之，以辨其缓急，以定吉凶。"《隋书》记载东女国的祭祀仪式之一就是"入山祝之，有一鸟如雌雉，来集掌上，破其腹而视之，有粟则年丰，沙石则有灾，谓之鸟卜"。《旧唐书》记载得更加详细："每至十月，令巫者赍楮诣山中，散糟麦于空，大咒呼鸟。俄而有鸟如鸡，飞入巫者之怀，因剖腹而视之，每有一谷，来岁必登，若有霜雪，必多灾异。"以鸟为物象的物占神话与鸟卜的不同之处在于，鸟卜是用客观存在的鸟类进行占卜，或听其声音，或视其体态以得出占卜结论，在原因和结果之间尚有一些科学道理的留存；而物占鸟则完全是先民虚构幻想出来的产物，它们预示吉凶的作用只通过一个"见"字便表现出来，毫无科学依据。这是因为原始初民在残酷恶劣的生活环境中无法主宰自己的命运，他们面对自然灾害和人间祸福时常常束手无策，当用实践得出的理性经验无法解释这些现象时便只好通过超逻辑的物占神话去寻求偶然性背后的"必然"，在艰难的环境中寻得一丝慰藉。先民对美好生活的向往，渗透着人类对未来的某种不可言状的祝福、祈祷，极大地满足了人们预知事物发展的需要。

三、不同种类的鸟

1. 青鸟

在中国神话传说中，青鸟被描述为西王母取食传信的神鸟，也被视为凤凰的前身。青鸟通常被视为吉祥的象征，代表着幸福、美好和好运。它常被描绘成一种美丽的鸟类，羽毛呈现出青蓝色的光泽，给人以清新、纯净的感觉。青鸟经常被认为是天上的使者，是连接人间和神界的桥梁，能够传递喜悦和好消息。在古代文学作品和神话传说中，青鸟常常扮演着重要角色，象征着吉祥、幸福和美好的未来，还象征着可以跨越千山万水传递爱情的使者。李白在乐府体诗《相逢行》中写"愿因三青鸟，更报长相思"，李商隐在《无题》中写"蓬山此去无多路，青鸟殷勤为探看"，都生动地诠释了这一含义。

2. 喜鹊

在中国神话中，喜鹊象征着好运、吉祥和幸福。它常被称为"报喜鸟"，被认为是传递喜悦和好消息的使者。古代圣贤将喜鹊视为"玄服素衿"的灵鸟，赞赏其四季啼鸣、坚毅恒定的品质，代表着纯洁和美好。传说中，喜鹊是天宫的仙鸟，每年七月初七，牛郎与织女在喜鹊搭成的鹊桥相会。《太平广记》[1]中记载了一则喜鹊报恩的故事：贞观末年，一个名叫黎景逸的人常常喂食喜鹊，当他遭遇冤屈时，喜鹊化身为人来帮助他脱离困境，最终黎景逸冤情得以昭雪。还有一则喜鹊传送佳音的故事：唐朝河南尹孔温裕因进谏讨伐党项而被贬官，之后传闻

---

[1]《太平广记》：中国古代第一部文言纪实小说的总集，因成书于宋太平兴国年间，和《太平御览》同时编纂，所以叫作《太平广记》。

他将复官,却始终未见诏书下发。一天,一只喜鹊落在他家中,孩子们跪拜祈祷,喜鹊飞走时落下一张写有"补阙"字样的纸条,不久后,孔温裕果然恢复了原职。因此,喜鹊在人们的心目中承载着吉祥、幸福和真爱的寓意。在许多文学作品中,喜鹊常被用来寄托人们的美好愿望,被描绘成一种神秘而又美丽的形象,代表着美好的未来和幸福的生活。

3. 猫头鹰

在中国的神话传说中,猫头鹰因其凶狠的外貌、凄厉的叫声以及昼伏夜出的习性而被视为"不祥之鸟"或"报丧鸟",被认为象征着厄运、黑暗和死亡。人们相信其哀嚎声常常预示着不祥之事的发生,夜间听到猫头鹰的叫声往往被视为不祥之兆,可能带来不幸或厄运。因此,民间形成了诸如"夜猫子进宅,无事不来""不怕夜猫子叫,就怕夜猫子笑"等谚语,以提高人们对猫头鹰叫声的警惕和戒备。宋代王禹偁在《闻鸮》一诗中云"为怪有鸱鸮,为瑞称凤皇",明代袁宗道有诗言"古驿啼新鬼,颓垣走怪鸮",清代林占梅有诗云"乱树缠长棘,深林叫怪鸮。磷磷多鬼火,隐约夜阑时"。"鸱鸮""怪鸮"指的就是猫头鹰,在一些地方信仰中,猫头鹰被视为阴间的使者或与鬼神相关的生物。人们相信它们能感知超自然的存在,或与灵界有所联系。猫头鹰的外貌和行为常被认为异常和令人恐惧。由于其独特的外貌和夜行的习性,它们被视为神秘而不可思议的存在,常与不安全的环境联系在一起。西汉刘向在《说苑·谈丛》中有一则关于"猫头鹰搬家"的寓言故事,提到"乡人皆恶我鸣,以故东徙",反映了人们对于猫头鹰叫声的厌恶。

第四章

中国神话的流变

第一节　神话历史化

神话历史化是世界文明演进的一个共性现象,但世界各民族的神话历史化的形态不尽相同。从现存典籍中,我们可大致逆推出各民族神话在走进人的时代后的归宿走向,中国神话历史化在史记中,希腊神话历史化在史诗中,希伯来神话历史化在《希伯来圣经》中。中国神话历史化中的"化"的程度是深刻的。赵沛霖说:"中国神话的历史化……是将它直接付诸实践:改变神话的性质和结构,使之直接转化为历史。"[1]

中国神话的历史化是一个缓慢而复杂的发展过程,经历了从西周到西汉一千多年的发展,形成了独特的文化叙事,对中国传统文化的兴起和演进产生了广泛而深远的影响。这些神话大多以血统观念为主导,围绕着祖先和天神展开,逐渐融入了后来的历史演进。在西周时期,周人将殷人的"帝子"观改造为"天命"观,将远古神灵排除在外,将天命和血统观念融为一体,形成了近人事而远鬼神的文化认知。到了春秋战国时期,禅让思想将神话中的英雄转化为人间的帝王,淘汰了不可改造

---

[1] 赵沛霖. 论神话历史化思潮[J]. 南开学报(哲学社会科学版),1994(2):56-63.

的神灵，从而推动了神话向历史化的转变。战国时期，学者们进一步整合了神话，创造了黄帝、颛顼、帝喾、尧、舜等五帝体系，将神话与历史融为一体。汉代的《史记》更进一步，将五帝体系纳入正史，宣告了中国神话历史化的最终完成。

一、神话历史化的特点

在中国神话历史化的过程中，一些人兽神的形象被改造成了帝王的形象，他们的动物特征完全消失，有关他们的故事不再被视为神话，而成为人们口口相传的传说。中国神话历史化的时间早，范围广，程度深，构成了有别于他族文化的独特景观。这一过程是对神话与历史相互交织的展示，彰显了中国文化的丰富性和多样性。神话历史化表现为神话人物的历史化和神话的体系化两个特点。

1. 神话人物历史化

神话历史化的一个显著特点是将神话人物转化为历史人物，最突出的表现是将原有的兽形或奇异形象改为人形。黄帝族与蚩尤族大战后入主中原，成为历史上最强大的原始部族，也是上古最有影响的神话人物。先秦和汉代文献中，保留了黄帝神话的基本内容，黄帝"日角龙颜"。在其后的记载中，黄帝的形象已由兽形转变为人形。在《论语》中，子贡询问："古时黄帝四面治理天下，可信吗？"孔子答道："黄帝选出四位贤者，委以治理四方之责，彼此合作，共同完成任务，这就是所谓的'四面'。"孔子将黄帝"四面治理天下"的非人形象解读为派遣四人管理四方之举，明显是人类帝王的做法。在《史记》中司马迁对黄帝进行了更为详细的解释，《史记·五帝本纪》中记载："（黄帝）举风后、力牧、常先、大鸿以治民。"黄帝在风后、力牧、常先和大鸿的协助下治理天下，使这个原本已经历史化的神话更加真实，被后人确认为历史事实。人们开始不再按照神话的原有设想去理解黄帝四面治理天下的传说，而是将黄帝神话用于他们的解释，并认为黄帝需要完成许多其他人也必须完成的任务。因此，他们将黄帝打扮成一个掌控天体、日月星辰，支配百姓、五谷，能够创造各种器物和制定各种文化制度的历史形象。《世本·作篇》记载，黄帝使羲和进行日占卜，常仪进行月占卜，鬼臾区进行星象占卜，伶伦制定音律调式，大挠负责甲子历法，隶首负责算术，容成负责制定历法，沮诵和仓颉则负责书法。《淮南子·览冥训》描写的黄帝治理天下，调节日月的运行，管理阴阳之气，规定四时的节令，规范历法的算法，区别男女，辨别雌雄，明晰上下之分，平等贵贱之差。这样，日月星辰不失其运行规律，风雨按时而至，五谷丰收。这些记载将黄帝视为人类文化的奠基人，扮演的是创世神话中造物主的角色。其他神灵也在历史化的过程中经历了类似的变化，如有巢氏构木为巢、神农创农耕和辨别百草、大禹治水等。他们成为人王，被赋予了许多人王的事业和功绩，发明和创造了许多文化，这是神话历史化的一种显著表现。

相传神人尧陶唐氏，姓伊祁。他的母亲叫庆都，出生时充满神秘色彩，常有金光环绕，为帝喾的妃，出游观河时，遇见赤龙，风云变幻，庆都受到感应，怀孕十四个月，后在丹陵生下尧。《竹书纪年·帝舜有虞氏》记载，舜的母亲握登，看到一道大虹，有所感应而在姚墟生下了舜。尧、舜的出生表现了尧舜神话的早期特征。然而，司马迁将尧、舜等五帝视为信史来记录，他在《史记·五帝本纪》中记载："其仁如天，其知如神。就之如日，望之如云。富而不骄，贵而不舒。黄收纯衣，彤车乘白马。能明驯德，以亲九族。九族既睦，便章百姓。百姓昭明，合和万国。"神异的成分减少了不少。学者顾颉刚秉持疑古派的理念，对这一现象做出解释。他认为包括尧、舜在内的上古帝王都是从天地神话演变而来，不是真实存在的历史人物。严格来说，尧舜时代仍然是一个传说时代，尧舜传说并非真实的历史，而是神话经历历史化的产物。[1]

2. 神话体系化

在人类文化的漫长发展历程中，神话一直扮演着重要角色，它是古代人类对世界、自然和人生起源的解释，是精神世界的抒发和文化传承的桥梁。随着人类文明的发展，神话也逐渐被系统化、体系化，在上古神话中，帝喾、尧、舜、后稷、契等人与黄帝的家族没有直接联系。然而，随着宗族观念的加强和华夏文化意识的崛起，春秋时代开始形成了华夏集团的文化认同。为了维护当时华夏集团的团结和统一，与四夷文明区别开来，确立华夏集团的核心人物是必要的。在这种情况下，史官面临着整合神话传说、编纂华夏族群世系的任务。因此，史官们构建了一种"帝系"体系，将黄帝父亲"少典氏"到颛顼、尧、舜、禹，以及商、周、秦等朝代的君主都串联起来，说成是一脉相承的"帝系"。

禹是夏人的始祖，《史记·夏本纪》称："禹者，黄帝之玄孙而帝颛顼之孙也。"禹是黄帝的后裔，同时也是颛顼的孙子，启是禹的儿子，而后接替禹成为夏朝的第二位君主。禹和启都具有神秘的品性，原本应该只是神话人物，但却成了中国朝代的创始人、历史上的君主，这明显是神话历史化的结果。《史记·殷本纪》中描述殷契是由简狄和玄鸟的卵孕育而生；《史记·周本纪》则提到周后稷的诞生与姜嫄和巨人的故事有关；而《史记·秦本纪》中则记载了秦人的起源，与女修吞食玄鸟卵有关。这些神话人物被认为是夏、殷、周、秦等朝代的创始人，这种历史

---

[1] 闫德亮. 中国古代神话的文化观照 [M]. 北京：人民出版社，2008.

化的现象实际上是神话被整合成一个连贯体系的结果。通过共同的帝系联系，这些原本相互独立的神话被融合成一个统一的神话体系，为整个历史提供了逻辑基础。

在中国历史文献中，《史记》《帝王世纪》等作品对上古神话进行了历史化的处理，将众多神话人物和神灵形象赋予了现实的历史身份。这些昔日地位崇高、具有超自然能力的神灵，如黄帝、尧、舜、禹等，被塑造成了华夏民族的祖先形象，成了创业立功之文化英雄。他们的事迹和功绩被描绘成为国家和民族做出贡献的典范，为历史叙事增添了丰富的色彩。这种历史化的处理不仅在文学作品中体现，也渗透到了人们的日常生活和民间传说中，进一步加深了人们对祖先和历史传统的认同感和敬仰之情。

二、神话历史化的原因

细究神话历史化产生的原因，可以看到很多神话就是以历史为依据的，这些有关历史、半历史或准历史的神话，很容易被解释为历史。神话历史化又可以说是文化发展的必然，因为从原始文化向理性文化的发展，并不是一蹴而成的，而是一个继承发展的过程，神话历史化正是这一继承发展过程的具体体现。

1. 神话的伦理道德化

周人灭商入主中原后，为了巩固其统治，在继承殷人宗教观念的基础上，提出了天命转移论。他们发展了关于上帝的宗教观念，赋予它很多新的内容，殷人的上帝观念关注人间的一切，如他们在求雨求牲畜繁衍等方面祈求上帝的保佑。周人的上帝观念更加关注重大社会政治事务。《尚书·梓材》记载，"皇天既付中国民，越厥疆土于先王"，周人为证明君主权力的合理性，将巩固统治的主观要求说成是神的意志。他们认为民和疆土都是上帝的赐予，统治天下则是上帝的重托，君主的权力体现着上帝的意志。周人的上帝是具有理性的最高主宰，他关心下民，把统治天下的权力赐予有德行的帝王，使他们成为天子。在这样的观念之下，上古神话中的神也要受着道德规范的约束。《山海经·海内经》记载："鲧窃帝之息壤以堙洪水，不待帝命。帝令祝融杀鲧于羽郊。"鲧因盗窃息壤，冒犯了上帝，而被帝杀戮。《墨子·尚贤》中也有记载："昔者伯鲧，帝之元子，废帝之德庸，既乃刑之于羽之郊。"鲧的遭遇呈现出伦理道德因素和社会因果关系，鲧的神性减弱，逐渐走出神界，迈向历史的领域。除此之外，黄帝、炎帝、颛顼、少昊、尧、舜、禹的某些神话故事也有这种合乎道德原则和社会因果关系的特征。[1]道德义理的融入使得神话中的神明不再是遥不可及的存在，而是与人类社会的伦理价值紧密相连，成为引领人们道德行为的榜样。这种融合拉近了神与人的距离，使神话中的神灵更贴近人类的需求和价值观。这样的演变为神话历史化奠定了基础，将神明从超自然的领域引入人类的道德观念中。

2. 历史意识的觉醒

神话的伦理道德化是其历史化过程中至关重要的一步，使其更贴近人间。要真正完成神话向历史的转化，还需要一个重要的条件，即历史意识的参与。历史意识是人们对古往今来历史流程的态度、观点和认识，是人类精神领域的重要组成之一。[2]

周人非常重视历史，在夺取中原后，国家机构设置中的史官不仅数量众多，而且地位重要。根据《周礼》记载，王室掌

---

[1] 赵沛霖. 重读经典：上、中古文学与文化论集[M]. 北京：中国社会科学出版社，2017.

[2] 赵沛霖. 论神话历史化思潮[J]. 南开学报（哲学社会科学版），1994（2）：56-63.

管国家文书政令的不仅有大史、小史、内史、外史和御史,还有各种辅助人员。周人极为重视吸取历史经验教训,借鉴往事,以促进现实更新。他们出于实用动机,认为历史对他们非常有益。因此,从周天子到一般贵族,无一不将历史视为必修课程进行学习。他们时刻警惕,将殷人视为反面教材,常念及敬德保民,祈求上帝的恩赐以永保天下。

那些已被伦理道德化的虚幻神话故事无疑是追溯历史、追踪先人业绩的宝贵材料。周人认为历史与上帝、天命紧密相连,一些神既是神祇又是人王,他们在天上拥有神位,在人间有帝业。这些已被伦理道德化的天神不仅纷纷降临人间,在人与神之间建立了神秘的联系,并且直接进入社会范畴,成为传说中的历史人物。这些神话故事经过周人基于历史意识的理解和处理,自然地打破了历史与神话之间的界限,将零散的东西系统化,将荒诞的故事雅驯化,最终演变成似曾发生过的历史。

3. 宗族观念的产生

自夏代起,新兴王朝总是利用神话传说来展示自己民族的深厚历史根基、辉煌成就及卓越特质,从而证明其统治的合法性。新王朝会挑选出神话中的英雄人物及其传奇功绩来彰显民族的伟大。夏朝人民对祖先鲧的敬仰永不忘却,他们广泛传颂大禹治水的英勇事迹;商朝则在甲骨文中频频提到远古的东方大神帝俊生下十个太阳和十二个月亮的神话,将帝俊尊称为"高祖",声称自己是天帝指定的人间统治者,宣扬商朝君主与古代英雄帝喾和契有血缘关系;周朝同样将其先祖后稷的传说融入民族的历史叙事之中,《诗经·大雅·生民》便记录了后稷诞生的奇迹,用以强调其神圣血统。这种将神话与历史结合的传统,不仅表达了对先祖的敬仰和对本源的记忆,更重要的是通过建立起祖先与上帝的联系及其永恒的功绩来强化家族的历史地位,同时也为他们的统治合法性提供了坚实的文化支撑。这一做法被广泛地应用于诸侯国的君主和士大夫阶层之中,成为证明其统治正当性的一种重要手段。例如,周王朝采用了分封制度,除周王室之外,还分封了一系列上古帝王的后裔以及对国家有重大贡献的人物。

在古代,帝王后裔因先祖的功绩而享有无上的荣耀。这种荣耀不仅体现在对祖先英勇事迹的广泛颂扬中,而且还表现在周王朝及各诸侯国的史官所承担的重要职责上,他们负责收集、整理并保护古代各族的宗谱资料。这种强烈的宗族意识促进了文学作品如《山海经》中的《海内经》、《海外经》和《大荒经》等的创作。"远古时代十分模糊的神话传说在史官们的梳理、加工下就变成了清晰而可信的历史……神话英雄都纷纷脱去神的外衣,摇身一变成了人类的始祖,当他们由神变成人之后,他们的神话故事也就变成了史实。一些氏族的后代为了自抬身价,从而虚编自己氏族的系谱……"[1] "神话历史化的本质是人的理性对神祇、神话的否定,诸神的消亡是人的理性发展到一定程度的必然。"[2] 人类理性的发展与社会的变迁、环境的转变密切相关。在古代中国社会,商周时期的变迁催生了思想与思维方式的翻新,人们逐渐从"信神"转向"依赖人","天"与"帝"的概念也随之发生转变,成为当时的重要历史节点。祖先崇拜的深入,有力地取代了对神明的崇拜。这些因素相互作用,共同推动了神话历史化进程。

---

[1] 金荣权. 先秦时代的宗族观念是神话历史化的重要契机 [J]. 中州学刊, 2007(2): 192-196.

[2] 林玮生. 中国神话历史化的背景动因分析 [J]. 青海师范大学学报(哲学社会科学版), 2008(4): 87-90.

第二节 仙话

"仙话"一词的具体出现时间难以精确考证,在中国古代文献中,如《左传》等,早有关于神仙和长生不死的记载,这些记载可以视为仙话的早期形态或组成部分。在学术领域中,对"仙话"的定义和界定相对较晚,最初并未作为一个严格的学术概念来使用,它更多的是在民间文学、宗教传说以及口头传承中逐渐形成的。在这些语境中,仙话往往以描写仙人活动为主要内容。仙话与神话既相联系又有区分。神话中的"神"是天生的,具有超自然的力量和地位;而仙话中的"仙"则是修炼而成的,具有长生不死的能力或某种神通。"仙话"既不同于"人话",又充满了人的世俗欲望,塑造了一个非人非神而又亦人亦神、介乎神人之间的魔幻世界。袁珂先生从广义神话的角度出发认为,仙话是中国神话的变种、末流,它和道教的建立自然是密切相关的。[1] 中国道教在东汉末年逐渐形成,由于宗教的推波助澜,自此以后,以神仙之说为中心的神话就更加昌盛了。实际上,仙话起源于道教成立前五六百年的战国初期,从《山海经》里可找出许多神话被仙话浸染的痕迹。

仙话是一种与神话不同的独立的作品类型,仙话作品通常以神仙的活动为叙述中心,包括神仙的修行、斗法、游历、爱情等,充满了神秘和奇幻色彩,为读者提供了一个超越现实世界的想象空间。仙话作品的核心主题之一是追求长生不死和人的自由。长生不死是神仙的基本特征之一,也是人类内心深处的渴望之一。同时,仙话中的神仙往往拥有超凡脱俗的能力,可以摆脱世俗的束缚,追求个人的自由和幸福。仙话的形成和

---

[1] 袁珂. 中国神话传说:从盘古到秦始皇 [M]. 北京:世界图书出版公司北京公司,2011.

发展是一个文化与信仰交织的复杂过程,通过神话传说的流传和道教信仰的普及,神话中的内容逐渐被赋予了道教的修炼理念和仙人理念。在这个过程中,神话和仙话虽然在形式上有所区别,但其核心追求是相似的,即通过超脱尘世的修行达到长生不老的境界。这种由神话向仙话的转变,并非单一信仰的演化,而是多种因素共同作用的结果。个体意识觉醒、方士的推动、君王的倡导以及对神话历史化的反思等方面的共同作用促成了神话向仙话的转变。

一、仙话的发展历程

中国古代神话向仙话的演变经历了历史上的五个阶段:春秋战国时期的萌芽阶段,秦汉时期的发展阶段,魏晋南北朝时期的高潮阶段,唐宋时期的完成阶段,以及明清时期的衰落阶段。

1. 春秋战国萌芽期

仙话萌孕于殷周时代的巫术,开始于春秋战国时代的神仙方术,巫觋与方士是其主要倡导者与传播者。战国后期,巫觋崇尚谈鬼,方士致力于炼丹与求仙。炼丹与求仙就是神仙方术,其目的是追求长生不死。这一思想渊源可追溯到道教创立之前五六百年的古代神话,如《山海经》中描绘的不死民、不死国、不死树(仙药)。战国后期,巫觋分化为巫和方士两派,其中巫多涉及鬼神,而方士更倾向于炼金和求仙。[1] 从此以后,方士成为神仙思想的专业传播者,他们编撰了许多仙话,如安期生、王子乔、韩终、彭祖等。这些仙话情节离奇,富有想象力,写仙人长生不老、吃风喝露,并具有惩恶除害、助人为乐的神奇能力,深受社会各界人士喜爱,广泛传播,影响逐渐扩大。同

---

[1] 鲁迅. 中国小说史略 [M]. 北京:人民文学出版社,1973:274.

● 宋 赵伯驹 飞仙图 轴（局部）

本幅作品中仙人手持荷花，乘着飞龙，穿梭于云气之间。

时，为了吸引民众，方士和巫觋有意识地利用古代神话的影响力，改编和创作了神话故事，将神仙思想和幻想融入其中。春秋战国时期是中国历史上思想极为活跃的时代，各种思想流派不断涌现，其中一派注重"修身"，提出通过修炼可以长生不老的理论。庄子的思想中就体现出这种追求，他所描述的"真人"即为仙人，能够乘云驾雾、驾御飞龙，在四海之外游历，不需进食，可在水中游弋而不湿身，在火中行走而不受热焰侵扰，甚至不受致命的刑罚。然而，春秋战国时期的神话仙话化仅处于初期阶段。比如《山海经》中既记载了黄帝率领应龙、女魃大战蚩尤，又记载了黄帝食用玉膏的故事。祖先崇拜是神话仙话化的一个重要推动力。人们逐渐将本族的祖先神化，并相信其具有神奇超凡的威力，能够保护后人。黄帝作为中华民族的始祖，在这一时期被赋予了更多的神话色彩，成了后人崇拜的仙人。

2. 秦汉发展期

秦始皇统一中国后，广泛征集天下方士，炼丹求仙等神仙方术在民间广为流传，促使仙话创作日渐兴盛。尽管由于存在时间较短及其他历史原因，秦代未留下典型的仙话作品，但从《吕氏春秋》中融入神仙说法，秦始皇命人创作《仙真人诗》，以及被西汉刘向《列仙传》[1] 奉为蓝本的秦大夫阮仓的《列仙图》等情况来看，当时仙话相当流行，特别是出现了《列仙图》这一被视为专门搜集整理的仙话作品，尽管其在形式上尚未完全独立和成熟。"进入西汉时期，随着享乐主义的兴起、思想文化从黄老学说到新神学的盛行，以及汉武帝等最高统治者与神仙方士集团的大规模求仙活动，社会上好仙、求仙之风愈加盛行，

---

[1]《列仙传》：(西汉) 刘向著，主要记述了上古至汉之间的 70 多位神仙的重要事迹及成仙过程，是中国第一部系统叙述神仙的传记。

仙话创作逐渐繁荣。"[1] 虽然在西汉前期，仙话大体仍在民间自发传播，但至西汉中期，许多方士和文人陆续开始搜集整理。刘安的《淮南子》、司马迁的《史记·封禅书》等著作都大量记载了当时流传的仙话作品。到了东汉时期，张道陵把神仙方术与老庄道家哲学思想结合起来，创立了道教。太平道、天师道、五斗米道等不同的道教派别相继涌现，它们声称能够借助神仙力量，驱除疾病，延长生命，极大地推动了长生不死信仰在民间的传播。"道教的核心内容与核心教义是神仙信仰……道教创立后，神话与仙话的关系又扩展或延伸为神话与道教的关系。"[2] 在汉代，受神仙方术思想和长生不死信仰的广泛影响，仙话小说大量涌现并广泛流传。这些小说往往以神话故事为基础，融合了丰富的仙话元素，极大地推动了神话仙话化。例如，《淮南子》对女娲、黄帝、炎帝、尧、舜、禹、羿、嫦娥、夸父等传统神话人物的仙话化描述，将他们描绘成了具有超凡脱俗能力和长生不老追求的仙人。此外，汉代还出现了一系列专门基于神话故事创作的仙话专著。例如，《穆天子传》讲述了穆王西游求道的神奇历程，与神仙交流的故事；《列仙传》系统记载了历史上著名的仙人及其修炼成仙的传奇故事；《汉武故事》则讲述了汉武帝寻求仙药和探索长生不老之术的种种经历。这些仙话作品不仅丰富了传统神话的内涵，使得传统神话人物与仙人形象融为一体，还加速了神话与仙话的相互渗透和融合。

3. 魏晋南北朝高潮期

在魏晋南北朝时期，社会因连续不断的战争和政治不稳定而变得极不安全。在这种危机四伏的政治氛围下，许多士大夫为了避免纷争，选择淡出政治舞台，转而追求长生不老的神仙

---

[1] 梅新林. 仙话——神人之间的魔幻世界 [M]. 上海：上海三联书店，1992.
[2] 闫德亮. 试论中国古代神话仙话化 [J]. 中州学刊，2021（10）：139-144.

信仰。这样的社会环境促发了道教和佛教之间的激烈竞争,迫使道教领袖如寇谦之、葛洪、陆修静、陶弘景等进行重要的理论革新,将道教的重心从求世界和平转向追求个人的永生。这些革新加强了道教的内部团结,同时也提升了其与佛教的竞争能力,使道教逐渐成熟并形成了更系统的教义体系。道教出现了明显的分层,一方面形成了针对上层社会的神仙道教,另一方面则是针对普罗大众的民间道教。在寇谦之的推动下,道教进一步向官方倾斜,更符合士大夫阶层的需求和信仰习惯,成为一种适应上层社会的宗教形式。葛洪所著的《抱朴子》[1]不仅详述了成仙的途径,还强调了道教传扬仙道的重要性,对抗了社会上对不朽生命观念的怀疑和否定神仙存在的声音,为道教的神仙理论体系打下了坚实的基础。这些理论创新和文献的产生推动了道教思想的更广泛传播,使神仙理念在文化和宗教领域得到了新的扩展和肯定。

在南朝时期,道教文献整理和创作达到了一个新的高潮。《三洞经书目录》[2]是这一时期的代表作之一,此书成功地整顿了之前混乱的道教经书体系,为未来《道藏》这一道教经典的编纂和修订奠定了坚实的基础。陶弘景所创作的50多种道教著作极大地丰富了道教的文献资源,其中《真灵位业图》更是建立了一个系统而完善的神仙信仰体系,对后世道教的发展产生了深远影响。这部作品详细描绘了仙人的等级和修行成仙的步骤,为信徒提供了一条清晰的修炼路径。南朝前后涌现了一系列以神仙故事为主题的文学作品,如《神异记》《搜神记》《述异记》等。这些仙话著作采用神话故事作为素材,通过文学化的描写和艺术化的处理,强调了神仙的超凡脱俗和修炼成仙的可能性。这

---

[1]《抱朴子》:晋代葛洪编著的一部道教经典著作。
[2]《三洞经书目录》:南朝陆修静编撰,为道教历史上第一部经书目录。

些作品的盛行不仅满足了当时社会对神秘与超自然的向往，也不断推动神话向仙话转变。

4. 唐宋完成期

唐宋时期是中国道教的黄金时代，这一时期不仅见证了道教教义和实践的蓬勃发展，同时也是神仙信仰达到第二个高峰的时代。在这个时期，道教的教义奉行"上标老子，次述神仙，下袭张陵"的理念，强调了对老子哲学的继承、对神仙实践的推崇以及对天师道传统的维护。在这样的教义指导下，神仙信仰得到了进一步的总结和丰富，形成了具有明显特色的道教信仰体系。

在符箓和禁咒方面，虽然这些被视为道教中一种迷信的技法，但它们并非道教所有派别的中心实践。真正位于道教核心的是神仙信仰——一种深信通过修炼能够达到超脱死亡、与神仙同辉的信念。正如古代文献所言，若无神仙信仰，道教的根基将不复存在。

此外，唐宋时期的统治者们对道教持有极高的崇敬，尤其是对神仙与长生不老充满浓厚兴趣。道教所尊奉的祖师老子姓李，与唐朝皇室同姓，因此李唐皇室尊老子为其先祖，并将道教尊为国教，利用道教来神化其统治的合法性，巩固自己的统治地位，增强皇室的正统性和权威性。唐代的皇帝们普遍信仰炼丹术，许多皇帝甚至因服用所谓的丹药寻求长生而不幸中毒身亡。清代学者赵翼的记载反映了这一历史现象，揭示了唐代皇帝们在追求超凡脱俗生活的同时，也暴露了其危险与悲剧的一面。这一时期，仙话的数量和影响力在中国文化中达到了前所未有的高度。虽然汉魏时期已经完成了从古代神话到仙话的转化，但是唐宋时代的学者和文人不仅继承了这一传统，而且还进一步丰富了它，引入了许多新的元素和复杂的层次。文学作品中对仙话的描绘更为生动和细致。例如，李冗的《独异志》描述了后羿制造仙药的故事，以及他的妻子嫦娥偷食仙药后成为月中仙人的经过。

唐宋时期道教的发展不仅推动了中国文化宗教层面的发展，也对后世的宗教观念和文化传统产生了深远的影响。这一时期的道教文化繁荣，神仙信仰的普及，以及皇帝对这一信仰的支持和实践，共同绘制了一幅复杂多彩的宗教和政治交织的历史画卷。

5. 明清衰落期

作为中国仙话发展史上的末期，明清时期的仙话创作总体呈下降趋势，成为继宋元之后的一个衰落时期。明初至中叶，最高统治者在宗教政策方面明显偏向于重视其他信仰而对道教进行了重新解读，并对神仙信仰持否定态度。在这种情况下，道教遭到冷遇，这也不可避免地影响到了与道教息息相关的仙话创作。因此，在相当长的时间内，明初至中叶的仙话创作基本上停滞不前，保持了对旧有传统的继承而缺乏新的创新。

然而，自明中叶开始，由于统治阶级对道教态度的逐渐改变，尤其是嘉靖皇帝对神仙说法的狂热追崇，道教逐渐复苏，同时明初以来陷入低谷的仙话创作也在这一时期迎来了一次复兴。通过前期酝酿、总结以及对当时日益成熟的俗文学创作经验的借鉴和吸取，这一时期的仙话作品在艺术上也实现了一系列新的突破。这一复兴势头一直持续到清代初期。在这个时期，最为独特的是出现了多部章回体的长篇仙话作品，例如晚明时期的《东游记》[1]。明末清初，话本体和杂记体的仙话也开始兴盛，

---

[1]《东游记》：亦称《上洞八仙传》或《八仙出处东游记》，分为两卷，共计五十六回。该书作者为明代吴元泰。主要叙述了铁拐李、汉钟离、吕洞宾、张果老、蓝采和、何仙姑、韩湘子、曹国舅这八位神仙修行成仙的历程。

前者延续了宋代话本的传统,内容主要围绕悟道求仙、人仙婚恋、济世除恶等方面展开。后者则以清初东轩主人的《述异记》、褚人获的《坚瓠集》、蒲松龄的《聊斋志异》等所载仙话为最。然而,清中叶以后,尽管仍有一些仙话作品问世,但明清之交兴起的复兴势头终究难以持久。中晚清时期,李调元的《新搜神记》、姚东升的《释神》、袁枚的《子不语》等仙话作品虽在数量和质量上仍保持一定水准,但进入晚清后期,仙话创作彻底走向了衰落,因为仙话在这一时期已经从根本上失去了文化土壤的支撑。

从仙话的发展轨迹可以看出,仙话与神仙信仰相辅相成、相互支持,仙话伴随着神仙的出现而产生,仙话为神仙信仰提供依据,神仙信仰的发展又促进仙话的繁荣。

二、神话仙话化原因

随着生产力的发展和人类自我意识的提高,人们对长生不老的追求和对自由飞升的渴望日益增强。这种背景下,神仙思想逐渐产生并发展壮大。神仙方士集团作为这种思想的传播者和实践者,通过编造和传播仙话故事,进一步推动了神话的仙话化。他们利用神话中的人物和情节,结合自己的想象和创造,形成了新的仙话体系。神话仙话化的原因可以从内、外部两个方面来探讨。

1. 内部原因

一是对长生不死的共同追求。在中国古代文化中,对长生不死的追求是一个贯穿神话与仙话的共同主题,体现了对生命延续与永恒的深切渴望。这一追求在神话中常以对各种不死现象与神奇药物的描述出现,如《山海经》中记载的"不死药"、"不死之民"和"不死之山",这些元素表达了古人对超越自然生命限制的向往。同时，神话中还提到了由神祇西王母掌管的不死之药，以及巫彭等人操控的神秘仙药，这些与后来道教中仙药的概念有着明显的联系。仙话中，不死的追求则更为具体化，通常体现在炼丹与服食丹药的实践中。道士与方士将炼丹视为实现个体长生不死的关键手段，炼成的丹药被认为能让人摆脱疾病和死亡的束缚，"虽然神话与仙话对于永生追求的目标不同，但共同的核心因素都是对生命不死的信仰与追求"[1]。在历史的发展中，神话中的长生不死观念为仙话提供了丰富的素材和理论基础，使得仙话能够在继承并修改神话的基础上进一步宣扬神仙信仰。仙话不仅丰富和发展了原有的神话故事，还推动了神话仙话化的过程，使神话故事得以更加丰富和多样的形式存在于文化传承中。

二是相似的表达形式。神话与仙话都充分反映了原始思维下的天真烂漫想象力，通过采用奇特、大胆、荒诞的表现手法，表达了原始人对自然和宇宙的好奇心以及解释自然现象的创造力。在神话中，我们看到诸如女娲用黄土塑人、大禹化身为熊穿越轩辕山、太阳与月亮被描绘为兄妹、契母通过吞下玄鸟蛋而生下契、鲧被杀后从其腹部诞生禹等荒诞故事。仙话中的想象同样丰富并带有浓厚的奇幻色彩，如腾云驾雾的飞行术、石头变羊的神奇法术以及长生不死和穿越天地的能力，都体现了人们对超越现实界限的无限向往。这些元素不仅丰富了文学作品的内涵，也为读者提供了一种逃离现实、探索未知的方式。因此，从文学类型来看，神话和仙话都属于幻想性文学作品，它们的风格和表现手法具有高度的一致性。这种一致性为神话向仙话的转变提供了便利的条件。无论是神话还是仙话，它

---

[1] 闫德亮. 试论中国古代神话仙话化[J]. 中州学刊, 2021（10）：139-144.

们的叙述都深受神魔形象和法术幻想的影响,共同构建了一个丰富多彩且充满神秘感的文学空间。仙话的创作和传播主要由巫觋和方士承担,而这些创作者通常都深谙古代神话,能够根据社会发展和人们的审美需求对经典神话故事进行改编和再创作。这种创作不仅保留了古代神话的本质,还增加了新的元素,使其更加符合当代观众的期待。这些共同的文学表达因素和形式特征,使得神话与仙话之间的界限逐渐模糊,推动了神话故事的仙话化进程,让这些叙述不仅能够传承古代的神话神韵,还能够吸引更广泛的受众,继续在文化传承中占有一席之地。

2. 外部原因

一是生命意识的觉醒和神仙思想的产生。在文化创造的深层驱动下,仙话被视为生命意识觉醒的产物。在古代,人类的自我认知经历了三个重要阶段:个体存在的自我意识、人性本质的自我认知以及生命悲剧的自我认知。第一阶段是在人类自我认知的起源阶段,神话与宗教为人类提供了一种理解自身与宇宙关系的框架,这些神话故事不仅为人类提供了对宇宙的解释,也反映了人类自我认知的早期探索,即人类是宇宙秩序的一部分,与自然和神灵有着不可分割的联系;第二阶段,神性被重新诠释为人性,这一转变使得人类从高高在上的神坛走下来,降临到充满尘埃的世俗世界;第三阶段,人类不再满足于物质生活,开始探索更深层次的生命意义和精神追求,追求生命的永恒和自由,努力对抗生命的短暂和尘世的种种束缚。这种追求为文化的创造和发展注入了源源不断的动力,使得人类在精神和思想上不断突破,不断进步。

中国文化自古以来就强调实用主义,注重现实问题的解决。这种传统使得中国人更倾向于关注现实世界的问题,而不是将希望寄托在彼岸的宗教超度上。中国文化中的宗教观念更多地融入了世俗生活，强调在现实生活中修行和实践，以实现个人的价值和社会的和谐。由于仙话本身具备生动形象、感人至深等其他传播方式所不具备的独特优势，因此早期的神仙信仰者几乎一致地热衷于编织神仙故事，以传达神仙思想。这一趋势推动了仙话创作的繁荣与发展，也促使其从最初的"舆论配合"逐渐转向独立的审美创作。

二是神仙信仰思潮的形成和神仙方术的鼓吹。神仙信仰的形成和快速发展，加之长生不老理念的强大吸引力，无论是统治阶层还是文人士族，都纷纷投身于追求超凡脱俗的神仙生活，希望通过修行和炼丹等方式达到仙人的境界，同时普通百姓同样对成仙充满向往，他们通过信仰神仙来寻求心灵的安慰和生活的希望。在这样的社会背景下，神仙信仰的热情催生了大量仙话的创作与传播。方士们为了获得统治者的支持和普通民众的信任，编纂了许多充满奇幻与冒险的仙话文学作品。这些文本通常描绘了仙人超脱常人的神奇生活和不朽的能力，情节离奇曲折，人物形象生动，具有很高的娱乐价值，广泛流传于民间。"在神仙信仰深入人心的情况下，民众也以神仙的特性理解其他神灵，形成了中国民间神灵'仙化现象'"[1]，传统的神灵被重新塑造和解读，具备了仙人的特征如长生不死、能逾越时空等超自然能力。

春秋战国时期，伴随着百家争鸣的思想大爆发，方士这一独特的社会群体崭露头角并发挥了重要的文化与宗教影响。方士们不仅汲取了道家的自然无为理论和阴阳家的宇宙对立统一思想，而且还深入探讨了成仙的道术，专注于讨论如何"修身养性"，通过炼体和炼精转化为炼神的层次，最终达到长生不老

---

[1] 郑土有. 中国古代神话仙话化的演变轨迹[J]. 民间文学论坛, 1992（1）: 3-13.

的境界。这些方士提出了神仙信仰，并广泛传播神仙方术，他们的教义和实践强调人可以通过修炼逾越常人的生死界限，实现身心的极致净化和精神的永恒自由。这种以追求长生不死为核心的方士文化，在战国时期的楚、燕、齐等多个诸侯国迅速传播，成为一种风靡一时的文化现象，深刻影响了当时社会上层与普通百姓的价值观。

进入汉代，神仙信仰进一步得到了皇室的青睐和推崇。多位皇帝深信通过方士的引导和仙术可以实现长生不老，大批追求成仙的方士得以进入宫廷，享受皇帝的厚待，并在社会上形成了一种强烈的求仙热潮。东汉时期，这种热潮未曾衰减，反而更加强烈。新的道派和道术如雨后春笋般出现，为广大民众提供了更多的修炼方法和哲学思考，进一步加深了长生不死观念在民间的根基。方士和道士不仅通过口口相传和书面文献弘扬自己的教义，还智慧地利用了神话故事作为宣传和教化工具。他们把传统神话故事中的人物塑造成仙人形象，借此展示修炼成功的典范和成仙后的神奇能力，这种做法不仅丰富了民间文化内容，也加速了传统神话向仙话的转化。

三是帝王对长生的追求。秦始皇统一六国后，开启了中国历史上大一统的先河，而此后历代皇帝为了巩固君权并寻求永恒的统治，普遍投身于追求长生不死的事业中。秦始皇本人就对长生不老抱有极大的热情，他不仅登泰山举行封禅仪式，以示天下已归一统，还派遣使者寻访仙人，寻求仙丹和长生之术。进入汉代，这种神仙信仰愈加盛行。刘邦在定都长安后，举行了巫祭以求神灵庇佑。汉武帝的仙道活动表现得尤为突出，他不仅多次倚重方士寻求仙术，频繁举行封禅大典，意图通过这些高规格的宗教仪式连接人间与天界。他还建造了象征仙界的建筑，如仙人承露盘、通天台等，以此彰显他对成为仙人的渴望。

他甚至建立了蓬莱、方丈、瀛洲等被视为仙境的仙苑，希望能够通过这些物质形态的仙境接近仙人的生活。道教在唐代被明确定为国教，这一举措无疑体现了皇室对神仙方术和长生不死的信仰，并进一步推动了道教的普及和仙话文化的流行。

三、仙话的类型

1. 帝王仙话

帝王将相（包括一般文臣武将）的仙话，最早可追溯到周穆王的故事。《史记·周本纪》中记载"穆王即位，春秋已五十矣"，又"立五十五年"。民间根据周穆王长寿的事迹，衍生出了仙话。《神仙拾遗》中记录了周穆王在瑶池会见西王母的故事。这个仙话可能是根据《穆天子传》而写并在民间流传的，充分表现了帝王对长生不死的欲望和对仙道的幻想。又如秦始皇求仙的故事。《史记·秦始皇本纪》记载："维二十八年……诛乱除害，兴利致福，节事以时，诸产繁殖。黔首安宁，不用兵革……六合之内，皇帝之土。"当群臣诵读皇帝的功德，刻在金石之时，"齐人徐等上书，言海中有三神山，名曰蓬莱、方丈、瀛洲，仙人居之。请得斋戒，与童男女求之。于是遣徐市发童男女数千人，入海求仙人"。三十二年又"使燕人卢生求羡门、高誓（均古仙人）"。三十六年，荧惑守心，有坠星降至东郡，变为石（陨石），黔首或刻其石上曰："始皇帝死而地分。"始皇得知后派御史追问，无人承认，于是将附近的村民诛杀，并销毁石头。始皇心情不快，命博士创作"仙真人诗"，并巡游天下，传令让乐人歌唱。中国历史上第三个迷恋求仙的皇帝是汉武帝。汉武帝渴望长生不老，因此对方术深信不疑，着迷于仙术。与他相关的仙话在民间广泛流传，在《史记·封禅书》中也有记载。将相仙话将历史上在政治上协助帝王夺取江山或安定天下的著名将领仙化,使其超越凡人,神秘莫测,引起人们的崇敬之情。例如《张子房》的故事就是张良故事的仙化。

2. 方士仙话

这类仙话因情节曲折、生动有趣、幻想丰富,数量众多,传播广泛。在封建社会中人民生活极度贫困,难以改变境况,而这类仙话宣扬的炼丹画符、驱鬼治病、消灾祈福的方术,能够满足人们在现实中无法实现的愿望,成为一种寄托。与此同时,方士仙话也反映了他们弄虚作假的欺诈手法。比如《魏伯阳》的故事,魏伯阳与三名弟子入山炼制神丹,炼成后发现弟子不满意。他试探说:"丹虽然炼成,需进行大试验,若犬飞,则人可服。若犬死,则不可服。"遂给狗吃丹,结果狗立即死亡。伯阳对弟子说:"制作丹药虽然成功,但狗吃后死去,或许未得神明之意,人服用可能也如狗。我该怎么办呢?"弟子问:"您的决定是?"伯阳说:"我离弃尘世,委身山中,死与生对我而言都一样,我要尝试服用。"于是服下丹药,人即死亡。弟子相视:"制作丹药寻求长生,结果服用却死亡,怎么办?"一弟子说:"师父非凡之人,服用而死,必有深意。"他取了丹药服下,也死去了。其他两名弟子相互谈论:"得到丹药是为了追求长生,不服用也能多活数十岁。"于是他们决定不服用,一同离开,去为伯阳和已故的弟子找棺材。两人离去后,伯阳起身,将丹药塞入弟子和白狗的口中,二者皆复苏。弟子感叹:"制作丹药寻求长生,服用却死亡,这可如何是好。"伯阳懊悔。之后他著有《参同契》三卷,内容关于周易,实际上是假托卦象,论述炼丹术的意义。然而,后来的儒家学者在面对这部著作时,因对神丹之事不了解,所以大多以阴阳之说来解读和注释。

●宋　赵伯驹　瑶池高会图　卷（局部）

画作描绘周穆王八骏巡游，至瑶池会见西王母的故事。

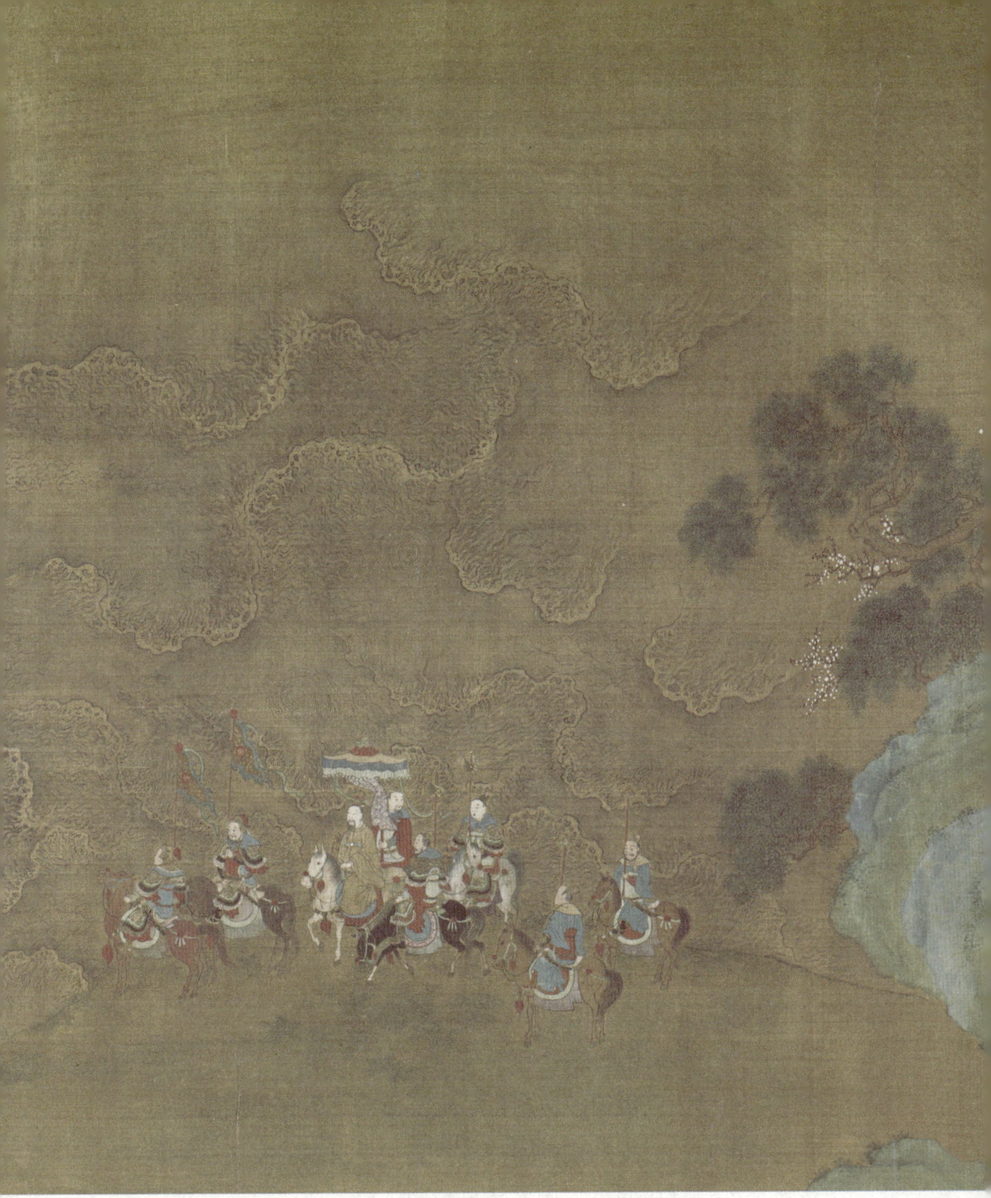

3. 庶民仙话

庶民仙话,包括了各个阶层的人,如士、农、工、商等。其中,士属于一般读书人,以手工业者为主。农、商等类推。这类仙话在民间传播最广泛、影响最深远。因为这些故事都是人们自己生活的反映,尤其是在封建社会中,庶民地位低下,生活贫困,文化水平较低,没有其他出路。受到从小听到的恶鬼和善神故事的影响,他们更容易受到方士的欺骗。庶民仙话大多数是由人民群众创作的,也有一些是方士编造的。《皇初平》就讲述了牧童追求财富成仙的幻想,目的只是改善贫困的生活,将白石变为羊群万头。在封建社会中,农民生活在饥寒交迫中,有这种幻想是可以理解的。《太平广记》卷二二记载的蓝采和是流行的"八仙"[1]之一。他原本是一个贫穷的乞讨者,以幽默的方式在人间游乐,同情穷人,最终飞升成仙。八仙故事之所以为老百姓所喜欢,是因为其中包含各阶层的人物,尤其是蓝采和、铁拐李、何仙姑等角色较为接近平民。总之,从以上各类仙话中不难看出,无论是帝王将相还是贩夫走卒,只要积善蓄德,为人忠信,都能修持成仙。尽管这是人们天真的想法,但各阶层的人对此有不同的追求,因此结果也各异。

作为中国文化的独特产物,仙话不仅在文学、宗教、科学、哲学、史学、民俗等领域产生了广泛影响,同时也受到了这些领域的影响。它推动了中国浪漫主义文学思潮的发展,并具体反映了不同时代背景下作者的思想和矛盾。仙话有助于我们了解社会历史的发展,不同类型的仙话,如帝王将相仙话、道士

---

[1] 八仙:中国民间广泛流传的道教的八位仙人。明代以前存在多种说法,如汉代八仙、唐代八仙、宋元八仙等,所列举的仙人各有差异。至明代吴元泰《东游记》始定为:铁拐李(李玄)、汉钟离(钟离权)、张果老(张果)、吕洞宾(吕岩)、何仙姑(何琼)、蓝采和(许坚)、韩湘子、曹国舅(曹景休)。

● 清 冯宁 二仙图 轴

● 宋 佚名 果老仙踪图 轴

仙话、庶民仙话，展现了整个社会从上层统治阶级到下层百姓的面貌。神话仙话化过程是对神话和仙话的共同发展，仙话借助神话得以广泛传播、巩固和发展，而神话则通过仙话得以丰富、充实、保存和传承。

第三节　传说

一、什么是传说

随着社会生产力的提高，人类的认知能力与改造能力也得到提高，人逐渐从对神的畏惧和依赖中解脱出来，神话开始向传说转变，人类口头文学的主题从完全异己的神转变为具有神性的人，这是神的世界向人的世界转变的趋势。于是大量具有神话因素的人间英雄传说产生。刚刚萌芽的传说由于受到神化的影响，还不能独立发展为一个文学样式，所以，就出现了神话与传说并存、混淆的时代。[1]

传说在发展过程中，摆脱不了神话的影响，本身是神话的内容，在后世的发展过程中逐渐被应用到人物描绘和风情展现中，被赋予了新的内涵。这就使得传说与神话之间的关系尤为密切，提及传说必然要提及神话，它们之间是比较接近的。传说大多是古代人们以现实存在的事物为基点，将神话的情节和故事进行现实化和人格化加工，使神话转为传说。虽然最早的传说产生的确切时期已不可考，但是传说的起源很古老则是不争的事实。最早的一批传说兴盛的时期与神话时代相重合，但从总体上看，传说这种体裁应该在神话体裁之后．当神话不再兴盛时，传说起而代之。由于神话的内容已不为后世的人们所

---

[1] 李娜．浅谈神话与传说的区别[J]．安徽文学，2011（5）：51-52+55.

相信,要使其内容传播下去,就要对其进行合理化的加工,于是许多神话就转为传说,如尧、舜、禹等的故事就有一个神话转为传说的过程。还有一部分传说是将历史事实传奇化。人们对某些历史人物和事件有兴趣,但是并不了解细节,或者感觉真实的具体情况缺乏足够的趣味性,于是就在一些基本事实的基础上自由夸张、渲染和幻想,构成带有传奇性色彩的故事,例如"多智而近妖"的诸葛亮。

传说,学界比较一致地认为是人民群众集体创作的一种与一定的历史人物、历史事件及地方风物、生活习俗有某种联系的口头故事。英国民俗学家柯克士在《民俗学浅说》中就认为,故事中"关于历史上的人物或特别的地方,就常叫传说"。一些日本学者也将具有一定时代、一定地点、一定人物的传奇故事称为传说。所有这些论说,都一致认为,传说必定和一定的历史、某个人物或地方相关。我们虽然常常看到传说具有一定的幻想性,以虚构的手法表现传说内容,但大多都与特定的历史或事件相关联。

二、传说与神话的联系和区别

1. 传说与神话的联系

首先,古代的传说和神话部分地融为一体,神话可以看作是传说的一部分源头。中华文明源远流长,在史前时期,人们便依赖口头传承,这种传承包含了丰富的神话内容,同时也融合了基于事实的传说故事。因此,在关于三皇五帝时代的历史记述中,神话与传说常常交织在一起。比如,《山海经·海内经》中关于禹诞生的故事具有明显的神话色彩,而大禹治水的传说则使其形象更加人性化。尽管这两种故事产生的时代有所不同,但后来常常同时在口头传播中出现。随着时间的推移,神话的成分逐渐减少,传说的成分则逐渐增多。司马迁《史记·五帝本纪》广泛采用了传说的内容,并对荒诞的神话内容进行了合理化处理,整理成了看起来更为可信的古代历史。其次,传说和神话都是散文形式的口述故事,二者的文体特征和传播方式相似,它们之间也有许多相通之处。散文的特点使得传说和神话能够以生动形象的语言,通过夸张、想象和超自然的元素来渲染情节,使得故事更具吸引力和感染力。在口头传承的过程中,每个叙述者都有机会根据自己的理解和经验对故事进行创造性的演绎,使得传说和神话呈现出多样而丰富的版本,在这个过程中,传说和神话相互交织,其边界变得模糊。最后,传说中的人物和情节也包含一定程度的超现实因素。传说的故事追求传奇性,许多传说通过超现实的魔幻情节来营造传奇效果。例如,与杨柳青年画有关的画会"鼓"的故事中,描述了画中的动物和植物变成了真实存在,画中的毛驴甚至下来给穷苦人拉磨;《白蛇传》中,蛇可以变成人,施法术,法海甚至可以变成螃蟹肚里的人。这些都是神秘、超自然的情节,与原始文化中的神话思维相通,只是在传说中这些情节更像是调味品,而不像在神话中占据主导地位。

2. 传说与神话的区别

首先,就故事主人公而言,神话与传说有着不同的特点。在神话中,主人公通常是神灵,整个故事围绕着神格展开。而传说的主人公很多时候是历史上真实存在的人物,这使得故事更加接近实际生活,超自然元素的存在相对有限。例如,中国上古时期黄帝与蚩尤之间的战争,其在神话中充满了神秘法术、风雨操控、神灵助战、猛兽攻击等元素,强调了神灵之间的角逐,真实性相对较少;而关于三国时期赤壁之战的传说故事,作战过程更着重于人类的武力和智谋对抗,虽然也涉及孔明的谋略和借东风的情节,但这些只是故事的点缀,整体情节更符合实际生活的逻辑。其次,就信仰程度而言,神话和传说都包含了超自然的幻想元素,但在神话中,这些幻想更符合原始思维的逻辑。虽然在现代看来有些匪夷所思,但在古代社会的生活和信仰中,这些超自然情节被视为具有神圣和真实属性。而传说中的幻想元素主要是为了增添故事的神秘感,其内容通常与特定历史事件、历史人物、地方古迹以及风俗相关联。最后,就叙事目的而言,神话往往用来解释宇宙的起源、自然现象的发生以及人类的起源和命运等深层次的问题,具有宗教和哲学的意义。神话通过神秘的故事和形象来探讨人类的存在和与神灵的关系。而传说则更注重讲述历史上的人物、事件或某种文化价值观,通过这些故事来传承民族文化、历史和道德观念,同时也为人们生活提供了娱乐和启示。

三、传说的分类

学界对于传说的分类存在多种观点。通过对各种民间传说分类体系的认真梳理,可以发现民间传说类别之间并非划分清晰。从中国民间传说总体来看,纯粹的史事传说相对较少,通常以著名历史人物为中心,因此史事传说和人物传说常常交叉在一起。为了更科学、有效、深入地探讨和研究民间传说的本质、特点、结构、价值等问题,目前中国民间文艺学界普遍采用一种按照传说描述内容性质分类的方法,将传说分成几个大的门类。这种分类方法基本上代表了中国学者近年来对于传说学分类的共识。

1. 人物传说

在中国的传统文化中,人物传说是一种重要的叙事形式,它以历代名人或英雄为中心,通过口口相传、艺术加工和想象力的涌现，将历史人物的生平、事迹或传奇经历赋予了神秘色彩和生动形象。这些传说既承载了古代人们对英雄的崇敬和对历史的怀念，也反映了民间文化的丰富多彩。无论是虚构的故事情节还是真实历史的再现，人物传说都是中国文化传统中不可或缺的一环，深深地扎根于人们的心灵深处，为后人留下了丰富而神秘的遗产。现在根据人物传说里人物身份的不同，大致把人物传说分为以下几种：

民族英雄传说：包括帝王传说、将相传说、清官传说等。帝王传说记录了诸如秦始皇、刘邦、武则天、赵匡胤、成吉思汗、努尔哈赤、康熙等历代帝王的传说，这些故事不仅展示了他们的英勇和智慧，更是对国家兴衰历程的生动再现。将相传说则围绕着岳飞、杨家将、戚继光、林则徐等伟大将领的传奇展开，这些故事描绘了他们披荆斩棘、保卫家国的壮举，激励着后人勇往直前。清官传说中的狄仁杰、包拯、海瑞等廉洁官员的传说，则弘扬了忠贞正直、廉洁奉公的道德风范，为后世官员树立了崇高的榜样。这些传说不仅是历史的见证，更是对民族精神的弘扬，它们将历代英雄的形象净化、升华，成了民族的骄傲，承载着丰富的教育意义和深厚的审美价值。

农民起义首领传说：农民起义首领传说，作为中国民间传说的重要组成部分，记录了历史上农民起义的领袖和杰出英雄的传奇故事。这些传说包括了陈胜、吴广、黄巢、李自成等起义首领的传说。他们的故事充满了正义无私、勇往直前、不可征服的坚韧意志，深深地触动着人们的心灵。陈胜、吴广以小卒之勇，揭开了楚汉之争的序幕；黄巢带领百姓反抗腐朽政权，震撼了中原；李自成发动了明末农民起义，成为中国农民起义史上的一代英雄。这些传说不仅在民间广泛流传，而且具有极大的感染力和启发力，激励着人们为正义和自由而奋斗。

文化人物传说：文化人物传说丰富多彩，包括文人传说、工匠传说、名医传说等。其中，文人传说集结了历代文学艺术领域的杰出人物。屈原投江自尽成为爱国主义的典范，李白酒后挥毫写下了千古名篇，成为醉吟诗人的代表，唐伯虎风流倜傥，文才出众。名医传说则记录了医学领域的传奇人物，如华佗、孙思邈、李时珍、张仲景等等。工匠传说中，鲁班传说最广为人知，他被尊为建筑工艺的大师，在传说中创造了许多令人叹为观止的建筑奇迹，成为工匠界的传奇人物。这些传说不仅丰富了中国的文化底蕴，也启迪了后人。

神仙传说：与神话有千丝万缕的关系，产生的历史悠远，流传广泛。在中国古代文献中，《列仙传》《汉武故事》《西王母传》《搜神记》《神仙感遇传》等都包含丰富的神仙传说。女仙传说在其中占有较多的篇幅，如《女仙传》就记载了许多女仙传说。

四大传说：《牛郎织女》《孟姜女》《梁山伯与祝英台》以及《白蛇传》等经典传说均以爱情为主题，塑造了四位勇敢坚定、执着追求爱情的女性形象，展现了她们对幸福与自由的渴望。这些传说跨越不同的历史时期，各自成熟，呈现出多样的形态，但都在中国的民间传说中占据着独特的地位。

2. 地方风物传说

地方风物传说是对某一特定地域的自然景观、地标名胜、土特产品以及当地的风俗习惯等进行解释的传说形式。它们通过夸张、幻想等艺术手法来诠释特定地方的客观存在，反映了传说创作者的审美意识和想象力。这类传说具有地域特色和民族特性，融合了传奇色彩和一定的可信性。地方风物传说主要分为三大类：山川名胜传说、土特产品传说和风俗习惯传说。在这些传说中，人们能够感受到对自然环境、地方资源以及当地文化传统的独特解读和赞美。

山川名胜的传说在民间传说领域中数量繁多，流传甚广，深受民众喜爱。此类传说主要涉及自然界中的诸多事物，如珠穆朗玛峰的传说、五指山神话等。同时，也包括以人造的景物、名胜古迹为中心内容的传说，如长城、故宫、颐和园的传说等。山川名胜传说注重对山川名胜的名称、特征、由来等进行独特解释。解释的过程以事物为出发点和归结点，涉及人物和事件。因此，山川名胜传说具有鲜明的特点：虽以山川景物为传说的中心，但常与历史人物紧密联系，增加了可信度；对事物的解释以自然界奇特、壮观、雄伟的风光为出发点，体现了对大自然的想象和美感，形成鲜活的地方色彩和民族风格。[1]

土特产品传说是对某一地区、某一民族有代表性的食品、民间工艺品、农副产品等实物的名称、特征及由来进行解释的传说。这种解释不是对事物本质的科学认识，而是传说创作者思想、伦理道德和人生价值的艺术反映。例如，某白酒的历史深厚且充满传奇色彩，有"天降宝珠生灵泉""蝶指佳泉酿美酒""黄龙醉饮毁佳泉"等传奇故事。这一类传说通过艺术想象的解释，赋予了普通食品传奇的来源和独特的文化价值、历史意义。

风俗习惯传说是对中国各地区、各民族风俗习惯形成原因、内涵、历史意义等进行独特解释的说明。这一类传说包括节日习俗传说、物质生活习俗传说（如服饰习俗传说、饮食习俗传说等）、物质生产民俗传说、游艺习俗传说、婚丧习俗传说等等。其中，节日习俗传说数量众多，个性鲜明，是风俗习惯传说的重要组成部分。节日习俗传说可以分为全国性节日和地方性节日传说，纪念性的、庆祝性的、宗教性的节日传说等。这些传

---

[1] 毕桪. 民间文学概论 [M]. 北京：民族出版社，2004：109.

说对节日的规模、内涵、族属等进行详细的说明。例如，端午节的传说描述了屈原与端午节的有机联系，具有特殊的历史意义，广泛传播于全国各地、各民族。

物质生活习俗传说包括服饰传说、饮食传说、居住传说等，涵盖了中国广大地域、多元民族的生活文化。在服饰文化方面，传说包括对衣、裤、裙、帽、鞋等衣着的来历、样式、穿着方法等的解释。各民族都有关于服饰的传说，通过对这些实物的解释，传说展现了民族文化的多样性。饮食传说主要涉及食品的起源、制作方法、营养价值等问题。在饮食文化中，米饭、糕点、饮品等都有相应的传说。这些传说在形式上有神话色彩，具有一定的故事性，通过对食品的解释，传达了对食品的喜爱和对生活的热爱。例如，关于元宵的传说，通过对元宵的起源、制作方法、食用习俗等问题的解释，形成了富有传统文化内涵的元宵传说，具有很强的群众性和普及性。同样，居住传说是对住房结构、房屋建筑技艺、居住环境等问题的解释。不同地区、不同民族，由于气候、地理、文化等方面的差异，形成了各具特色的居住传说。这些传说反映了民族居住文化的丰富性和多样性，具有较强的文化表现力和艺术感染力。

游艺习俗传说主要涉及娱乐活动、游艺设施、娱乐器具、娱乐方法等方面的问题。这一类传说以人们在生活中的娱乐活动为题材，通过对娱乐活动的起源、形式、特点等问题进行解释，具有较强的娱乐性和趣味性。娱乐活动传说包括丰富多彩的内容，如舞蹈、歌唱、戏曲、杂技、游艺等，各有特色。例如，舞龙、舞狮、踩高跷、打陀螺、踢毽子等传统游艺活动的传说，通过对这些活动的起源、传承、发展等问题的解释，强调了娱乐活动的文化内涵、历史意义和社会价值，具有较强的文化底蕴和审美品位。

婚丧习俗传说主要涉及婚礼、葬礼等方面的问题。这一类传说主要通过对婚丧习俗的起源、形式、内涵等问题进行解释，反映了婚姻和丧葬在社会文化中的重要地位和独特价值。婚姻传说涉及婚姻的起源、结婚的仪式、婚礼的程序等问题。通过对这些问题的解释，传说呈现了丰富多彩的婚姻文化，具有较强的生活性和实用性。丧葬传说则主要围绕死亡、丧葬、吊唁等方面的问题进行解释，表达了对逝者的哀思、怀念和祭奠之情。这些传说通过对死亡、丧葬的神秘和庄重的解释，强调了生命的可贵和家族的传统。因此，婚丧习俗传说具有较强的情感性和道德性。

地方风物传说是中国古代传说的重要组成部分，涵盖了自然风光、土特产品、风俗习惯等多个方面，形成了丰富多彩、千姿百态的传说体系。这些传说通过对具体事物的解释，体现了传说创作者对自然、社会、文化的理解和表达，具有独特的审美意识和文化内涵。

3. 历史事件传说

历史事件传说往往与人物传说相互交织。区别在于，历史人物传说主要致力于围绕某一人物的活动和事迹进行描绘和刻画，而历史事件传说则专注于叙述历史上发生的某个重大事件或事件片段，以及与这些历史事件相关的群体和个体的活动[1]。几千年来，中华民族为了维护民族独立和祖国统一，进行了无数次抗击外侮的自卫战争，涌现了许多可歌可泣的英雄故事。在这方面，著名的传说包括郑成功的传说、戚继光抗倭的传说等。还有一些涉及农民起义的传说。长期的封建社会中，由于统治阶层治国无方、政令严酷、黑暗腐败等

---

[1] 毕桪. 民间文学概论[M]. 北京：民族出版社，2004：142.

因素，穷困百姓无法正常生活，反抗起义层出不穷。近代科技落后的中国不断遭受帝国主义国家的侵略，农民义军奋起反抗，因此相关的一些传说增加了反帝的主题。传说通过生动离奇的故事叙述起义作战过程，赞颂起义英雄。中国历史上著名的起义，如陈胜、吴广起义，黄巢起义，梁山泊起义，李自成起义，太平天国运动，义和团运动等，都有许多传说故事流传。革命历史事件传说是新的史事传说，记录了孙中山领导的民主革命、中国共产党领导的新民主主义革命历程中的传奇故事等。

四、传说的艺术特色

民间传说在故事情节和人物刻画两方面都有显著特色。

1. 故事情节

民间传说在故事情节上展现出明显的"传奇性"。这一特色主要体现在故事情节基本具有生活本身形态，并以此为基础，通过夸张、渲染、虚构、夸张、幻想等手法来发展故事，使其合乎生活逻辑的同时也具备引人入胜的效果。[1] 这种传奇性不仅在广泛传播和影响较大的传说中普遍存在，而且在规模较小、情节较简单的传说中也以不同程度显现。传奇性是传说传承的一个重要条件，通过偶然、巧合、超自然的情节转变，使故事发展在情理之中又出乎意料。

2. 人物刻画

传说常常依附于历史或实有的事物，故事中的人物和情节基本上符合生活本身的形态，因此传说具有社会和现实因素。在人物刻画中，传说往往通过塑造生动的人物形象，如董永所

---

[1] 毕桪. 民间文学概论 [M]. 北京：民族出版社，2004：143.

遇的七仙女等，展现了人物的思想感情。同时，传说也融合于自然、人工物和风俗习惯，使故事更具生活气息和真实感。虽然传说强调故事的曲折多变和悲欢离合，但也通过奇情异事反映了生活的本质，表达了人民的意志和愿望。

在新传说中，故事情节继承了传统传说的特色，包含大量真人真事的成分。传说的作者在表达这些成分时，通过优美的想象、渲染和夸张，使故事更生动曲折，更能体现人民的革命热情。人物塑造与故事情节紧密相连，扣人心弦的情节表现人物的反抗性和英勇性格。

总体而言，故事情节和人物刻画在民间传说中相互交织，通过夸张、渲染、想象和对真实的改编，呈现出丰富多彩、引人入胜的艺术特色。

第五章

中国神话与宗教

第一节 中国神话与原始宗教

中国神话与原始宗教之间存在着密切的联系，在早期中国社会，神话故事中的诸神和神灵常常与自然现象和社会生活紧密相关，反映了人们对自然界和社会秩序的解释，体现了古代中国社会的信仰体系和宇宙观。

一、神话与原始宗教的关系

鲁迅在《中国小说史略》[1]中指出：神话大抵以一"神格"为中枢，又推演为叙说，而于所叙说之神，之事，又从而信仰敬畏之，于是歌颂其威灵，致美于坛庙，久而愈进，文物遂繁。故神话不特为宗教之萌芽，美术所由起，且实为文章之渊源。[2]鲁迅认为，神话通常以某个"神"的形象为核心，进而发展成各种故事叙述，神话不仅是宗教的起源，也是美术的根基，同

---

[1]《中国小说史略》：现代文学巨匠鲁迅所撰写的首部系统性论述中国小说发展史的学术著作。该著作自远古神话传说起始，迄至清末谴责小说终了，全面梳理了中国小说的起源与演变过程，对各个历史时期具有代表性的小说家及其作品进行了恰当的评价，并深入探讨了小说发展前后阶段之间的内在联系。

[2] 鲁迅. 鲁迅全集（卷八）[M]. 北京：人民文学出版社，1958.

时也是文学创作的深厚基础。有学者也认为，早期神话和原始宗教是一个统一体。[1]

在人类历史的早期阶段，当社会结构简单且技术水平尚低时，人们对自然力量和生命现象抱有极高的敬畏，这种崇拜常体现为对自然界及其超自然力量的神秘崇拜。基于这种敬畏，形成了一系列宗教信仰和仪式，这些信仰通过口头传统、祭祀仪式和神话故事得以表达。这反映了原始社会试图探索未知世界、力量源泉和生命起源的努力，是人类对宇宙奥秘的早期理解。神话故事主要围绕神灵怪力的形成、活动及情感进行描述，这些内容无一例外地属于原始宗教的范畴。神话是原始信仰的产物，不可能脱离原始宗教的界限。

二、中国神话中的原始宗教特点

在中国神话中，原始宗教特点鲜明，深植于早期文化土壤。其中，生殖崇拜观念展现了对生命力量的深厚崇敬，而万物有灵的观念则将神秘赋予自然界。图腾崇拜在神话中显现，将力量象征与物象崇拜融为一体。巫术观念贯穿神话，为古代信仰体系增添了神秘面纱。这四个主要元素交织在中国神话中，勾勒出一个古老而奇妙的宗教图景。

1. 中国神话中的生殖崇拜观念

生殖崇拜是原始先民基于本能需要和生存需求，对人类生殖器官和生殖行为的尊崇，其根源在于性冲动和两性交媾，以及由此带来的性快感，使得原始先民将生殖行为视为神性的存在。[2] 在原始社会，两性交媾成为原始先民获取身体和心灵愉悦的主要途径。原始时代的恶劣生存条件导致对生育的特殊关

---

[1] 潜明兹. 神话学的历程 [M]. 哈尔滨：北方文艺出版社，1989：396.
[2] 王增永. 神话学概论 [M]. 北京：中国社会科学出版社，2007.

注,生殖行为逐渐演变为一种神秘而崇高的象征,最终形成了生殖崇拜文化。这种崇拜最初主要针对女性生殖器和生殖行为,随着社会认识的不断扩展,人们逐渐认识到男性在生殖过程中的作用,也包含了对男性生殖的崇拜。

生殖崇拜在中国神话中呈现了多种面貌,包括直接涉及人类的神话、动物图腾的神话以及植物图腾神话等。这些神话深刻地反映了早期文化对于人类生殖的认知和崇拜,彰显了原始先民在面对生命奥秘时所表达的敬畏和尊崇之情。

盘古开天辟地神话作为中国独具代表性的创世神话之一,《三五历纪》有记载:"天地混沌如鸡子,盘古生其中。"在中国古代,鸡蛋、鸭蛋、鹅蛋、鸟蛋、蛇蛋被统称为"子",因此用鸡蛋来比喻盘古开天辟地时的环境为混沌状态就很好理解了,神话学研究中将这种状态称为"宇宙蛋"。[1] 古代人类认为动物的蛋具有神奇的孕育生命的功能,就像人类通过生殖器官繁衍后代一样。动物蛋的形象被认为与宇宙天地的形态相似,同时具有人体的子宫、孕妇圆润的腹部以及胚胎的形态等,盘古神话中有"天地混沌如鸡子,盘古生其中"的描写,这一情节与人类的生殖过程相似。根据《神异经·东南荒经》中的记载,男性显露其阳刚之势,女性显露其阴柔之美,反映了人类对生殖器的崇拜。

原始先民对动物的生殖产生了深刻的崇拜观念,将动物与生殖过程联系起来,形成了神话传说。这种崇拜观念在日月神话中得到了具体体现,尤其是通过日三足乌和蟾蜍这两个形象来展现。学界普遍认为日三足乌的形象是男性生殖器的变异形态,而蟾蜍的形象则更强烈地呼应了女性生殖器。蟾蜍因其肚

---

[1] 高晓芳. 创世神话中生殖崇拜文化的思想探源[J]. 牡丹江大学学报, 2022, 31(9): 97-102+108.

子的形态，圆了又瘪，瘪了又圆，像女性怀孕的状态，因而是女性生殖器的象征。郭沫若在谈到"玄鸟生商"神话时说："（玄鸟）无论是凤或燕子，我相信这传说是生殖器的象征，鸟直到现在都是生殖器的别名，卵是睾丸的别名。"[1]原始先民通过这样的神话表达，试图理解、尊崇并祈求自然生命的生成和延续。这不仅是对动物的崇拜，更是一种对生育力和生命奇迹的虔诚崇敬。

在原始农业发展初期，人类对植物生殖表现出了敬仰之情。华夏民族的远古祖先构成了一个以花为图腾的古老氏族。《帝王世纪》云："修己山行，见流星贯昴，梦接意感，又吞神珠薏苡，胸坼而生禹。"《论衡·奇怪篇》载："禹母吞薏苡而生禹，故夏姓曰姒。"在原始先民看来，很多植物具有多籽的特性，于是由这些植物联想到自身的繁衍，他们渴望像植物一样，拥有众多的后代，使氏族兴盛。

2. 中国神话中的万物有灵观念

随着宗教意识的深化，逐步形成了灵魂观念，这种观念源自原始人对死亡的初步误解。最初，像动物一样的原始人，甚至无法区分生死；随后，他们开始理解因伤出血而死，但对于类似睡眠的死亡状态仍感到困惑。进一步的认识发展使他们也开始理解睡眠状态下的死亡，而由于在梦中见到已故之人向他们走来，他们开始幻想人体内存在着一个灵魂。他们认为，死亡是灵魂离开肉体，而这个灵魂可能还会返回，使死者复生。基于这种幻想，产生了埋葬和殉葬等原始的宗教仪式。这种对灵魂的信仰扩展到了自然界，使得万物被赋予了灵性。

原始社会的初民由于生产力低下，生活环境极为艰苦，一

---

[1] 赵国华. 生殖崇拜文化略论［J］. 中国社会科学，1988（1）：131-156.

方面对自然充满敬畏，另一方面又对不可知的自然力量感到恐惧，他们借助祭祀和崇拜等仪式表达对神灵的尊敬，希望获得保护或避免灾祸。原始人把自己的日常生活经验与自然现象联系起来，形成了万物有灵的信仰，在这种信仰中，自然元素如太阳、星星、树木、河流、风和云都被赋予了人的形象和属性，就如同人类或其他动物一样具有意志和力量。在神话时代，万物有灵的观念深刻影响了原始人的思维方式。《山海经》记载的神灵中，包括无名的山神、有名的神明，如女娲、伏羲、黄帝、炎帝等，还有火神祝融、水神河伯等，以及图腾神灵、动物神灵、植物神灵、天象神灵等各类神灵。

3. 中国神话中的图腾崇拜观念

"图腾"一词据说来源于北美印第安语，意思是"他的亲属""他的标记"，也可理解为"他的族"。原始社会中，人们认为某种动物或自然物同氏族有血缘关系，因而将其作为本氏族的标志或徽号，也就是图腾。图腾不仅是维系氏族团结的纽带，还是一种宗教信仰、社会结构的体现，具有强大的凝聚力。为了在氏族社会中区别于其他氏族并实现劳动分工，原始先民往往自然地选定某种动物或植物作为自己氏族的图腾。图腾崇拜的形成受到诸多因素的影响，包括万物有灵的观念与祖先崇拜的结合、对动植物生殖力的崇拜等。在当时的社会背景下，由于人们生活在群婚制之下，对性与生育的联系并不清楚，妇女的怀孕被认为是图腾神灵的化身进入其体内。人们认为氏族成员与认定的图腾动植物之间存在亲缘关系，因此，图腾不仅是氏族的象征，还被视为具有神圣属性的氏族祖先。氏族成员通常以图腾为姓，而图腾的形象则作为氏族的象征。这一信仰导致了图腾崇拜的宗教仪式的产生，并促成了关于禁止伤害或食用图腾动植物的习俗。氏族的图腾大多是动物，也会有一些植物，同时不乏以自然现象或非生物实体为本氏族的图腾的情况。

图腾崇拜的出现为氏族群体提供了一种共同的信念体系，成为原始先民的精神象征。图腾崇拜催生并推动了图腾神话的发展，《史记·三皇本纪》中说"太皞庖牺（伏羲）氏，风姓……蛇身人首，有圣德"，伏羲氏族的图腾是蛇。《索隐》注：《史记·五帝本纪》云黄帝"号有熊者，以其本是有熊国君之子故也"。黄帝氏族的图腾是熊；《述异记》记载太原人祭蚩尤不用牛头，蚩尤死后人们不用牛头祭奠他，有可能蚩尤的氏族图腾就是牛。这些神话是灵物崇拜和祖先崇拜观念结合的产物，成为独特的图腾神话。

图腾崇拜通过丰富的图腾神话传递图腾观念，深植于氏族群体每个成员的内心。这些神话内容繁多，包括姓氏图腾神话、族名图腾神话、旗帜图腾神话、先祖与图腾结合的神话等，构建了一个多彩的神灵世界。许多图腾神话以其独特的情节、完整的结构、生动的叙述和深刻的审美价值，成为神话文学的典型代表。如姜嫄踏巨人迹神话、简狄吞卵神话、女嬉吞薏苡神话、盘瓠神话和狼图腾神话等均是此类神话中的精彩例证。图腾不只是一种宗教信仰，它还构成了一种社会结构形态。少昊氏族在选择图腾时，选择了鸟作为他们的信仰和象征，反映了他们对鸟的崇拜和敬畏。这不仅代表了少昊氏族的身份和归属感，还体现了他们对自然界的敬畏和尊重。"天命玄鸟，降而生商"，玄鸟是商的图腾。图腾在氏族社会中具有核心地位，为保持氏族图腾信仰的连续性，氏族成员需定期进行图腾神祭礼，同时也衍生出一系列与图腾相关的礼仪仪式以加强对图腾的认同感。

4. 中国神话中的巫术观念

在早期的原始社会，神话和宗教意识同时萌芽。当人们认为自然界充满了有生命、有意志的存在，并通过口头传承塑造出早期的活物论神话时，这些神话已经蕴含了宗教的初步概念。然而，这种表现更多是宗教意识的体现，尚不构成真正的宗教。真实的宗教形态通常涉及特定的圣地和仪式，这些元素共同定义了宗教的本质。马林诺夫斯基认为：每一个信仰都会产生它的神话，因为没有信仰是没有奇迹的，而主要的神话不过是叙述巫术的古奇迹罢了。[1] 也就是说，神话的核心内容与巫术密切相关。

在原始时代，社会生产力低下，自然变化多端，时而宜人，时而险恶。面对自然界的复杂多变，原始先民常觉无力，现实中难以实现对自然的控制，于是他们便寄希望于幻想，以通过神秘的超自然力量来驾驭自然。这种欲望和信念逐渐演化为巫术的形式，人们期望通过巫术手段影响或控制自然界的力量。巫术是原始宗教的另一重要组成部分，原始先民认为人与自然界之间存在看不见的联系和相互影响，个别的自然现象可能对人产生影响，反之亦然，因此他们认为可以通过象征性的仪式，如祭祀、祈拜、吟诵、歌舞等，影响自然并战胜敌人。巫术可以分为两种类型：模仿巫术和接触巫术。这两种巫术的基本理念都建立在交感心理学之上。交感心理学是一种思想，它认为两个曾经接触过或有紧密联系的事物之间，可以通过这种接触或某种形式的连接使得其中一个事物对另一个事物产生影响，从而改变其行为或影响其发展过程。[2]

在中国神话中，有关巫术的元素司空见惯，女娲抟黄土造人的神话就是其中之一，《风俗通义》中提到："俗说天地开辟，

---

[1] 马林诺夫斯基. 巫术 科学 宗教与神话[M]. 李安宅，译. 北京：中国民间文艺出版社，1986：72.

[2] 王增永. 神话学概论[M]. 北京：中国社会科学出版社，2007：22.

未有人民。女娲抟黄土作人,剧务,力不暇供,乃引绳于縆泥中,举以为人。故富贵者,黄土人也,贫贱凡庸者,縆人也。"这种点石成金和抟黄土造人的神奇能力,其心理基础正是原始的巫术观念。炼石补天的情节很可能在古代就是一种巫术性的神话表演。《说文解字》中提到:"巫,祝也。女能事无形,以舞降神者也。……在男曰觋,在女曰巫。"在巫术的观念中,巫师通常被赋予通神、作法的神秘力量。通过法术,巫师能够为社会和个人提供保护,预防自然灾难和敌人的侵害。巫师被认为具有在一定程度上控制自然力量、引导社会事务走向的能力,可以实现避免危险、寻求安全的目的。然而,巫师同样有可能使用他们的法术来对他人造成伤害或扰乱社会的和谐与进程。巫术活动在神话中被描绘为一种神圣而神秘的仪式,是原始先民理解和解释自然界奥秘的途径之一。这一系列神话故事不仅呈现了古代巫术实践的图景,更反映了古代人类对于自然力量的深切敬畏与探索的渴望。《大荒东经》中提到:"应龙处南极,杀蚩尤与夸父,不得复上,故下数旱。旱而为应龙之状,乃得大雨。"当地上长时间干旱,人们会向应龙祈雨,认为只要模仿应龙造像,就可以引来雨水。

第二节 中国神话与儒教

一、何为儒教

春秋时期,孔子所创立的儒家学说本质上是继承并发展了殷周时期关于天命与祖宗崇拜的宗教思想。这一学说的核心内容是强调尊尊、亲亲,巩固君主的绝对权威,以及等级森严的专制宗法制度。这样的制度,在一开始就内含了发展为宗教的潜质。儒教是关于儒文化的一种传统称谓,儒家、儒学、儒教三者虽然关系密切、相互依赖,但是,儒家是学派的称谓,儒学是学术的称谓,儒教是信仰的称谓,三者合起来才是儒文化。[1] 在先秦时代,儒学并未形成宗教,而是作为一种政治伦理学说存在。儒学向儒教的转变是伴随着封建帝国的统一与巩固逐步进行的,董仲舒、《白虎通》借孔子的口,宣传适合汉代统治者要求的宗教思想。从汉武帝独尊儒术起,儒家已具有宗教雏形。[2] 但是,宗教的某些特征,尚有待于完善。经历了隋唐佛教和道教的不断交融、互相影响,又加上封建帝王有意识的推动,三教合一的条件已经成熟,儒家以封建伦理为中心,并吸取了佛教、道教的一些宗教修行方法。宋代朱熹将《论语》《孟子》《大学》《中庸》确立为"四书",并为其编写注解,这些书籍随后被定为全国通用的教科书。宋明理学的形成,标志着儒教教义的完全成熟。儒教依据"天地君亲师"构建宗教和社会结构,将封建宗法与神秘宗教观念结合。"天"为君权神授提供依据,"地"作为其衬托,而"师"作为传达天地与君亲之意的神职人员,拥有最高解释权。宋代理学的兴起,正值释道衰落之际,儒教通过吸纳佛教元素,在形式上承接了其教义,使得佛教虽表面衰微,实际上仍广泛影响着宗教文化。儒教与欧洲中世纪宗教独霸的绝对权威相比,虽然不具宗教之名,但却拥有宗教之实。

二、儒教教义中的神话根源

先秦儒家在思想上虽主张实用的道德与政治理念,但其教义中亦蕴含着丰富的神话根源,同时将神话传说视为重要的论证资料和立论基础。这些神话成分不仅为儒家思想添加了一层

---

[1] 叶舒宪,唐启翠. 儒家神话 [M]. 广州:南方日报出版社,2011.
[2] 任继愈. 论儒教的形成 [J]. 中国社会科学,1980(1):61-74.

神秘色彩，也深深根植于中国古代社会的文化与信仰之中。"晚周诸子皆曰吾上祖述尧、舜、禹、汤、文、武云云，则当时诸子纷纷托古矣"[1]，而先秦儒家尤为突出，历代儒者在阐述观点时经常引用春秋之前的传说资料，有的继承前代典籍的内涵，有的则经过提炼和加工将神话传说的内容巧妙地转化为佐证自身观点的有力证据。"祖述尧舜，宪章文武"成为儒家一贯的论证方式，将神话的内容融入本学派的理念之中。不同类型的神话传说，如禅让传说、感生神话、英雄神话等，都在儒者的论说体系中发挥着重要作用。这些神话传说不仅在思想的延续和发展上产生了深远的影响，也在故事情节的运用与改造上为儒家学说注入了独特的色彩。因此，深入探究儒教与中国神话的相互关系，首先需要梳理儒教教义中所蕴含的神话元素。宗法制纲领是儒教所倡导的伦理政治的基石，以"亲亲""尊尊"为核心构建了一套完整的"礼制"。这一思想体系与上古神话紧密相连，尤其是与反映史前远古及上三代社会生活的上古神话存在内在精神的一致性。在上古神话中，我们可以发现儒家思想诸多要义的根源，两者之间形成了一种深刻的联系。

1. 天命观

孔子的"天命观"作为其重要思想之一，贯穿《论语》始终，在《为政》篇中，孔子说："吾十有五而志于学，三十而立，四十而不惑，五十而知天命，六十而耳顺，七十而从心所欲，不逾矩。"在深入探讨孔子的"天命"观和"天道"观之前，有必要先明晰"天"一词的含义。《说文解字》解释称："天，颠也。至高无上，从一、大。"这种诠释具有双重含义：首先，"天"被理解为"颠"，即头顶之上；其次，"天"被视为"至高无上"，

---

[1] 康有为. 孔子改制考[M]. 北京：中国人民大学出版社，2010.

具有无可侵犯的威严。冯友兰归纳了"天"的五种不同意义，包括与地相对应的自然的天、自然界及规律、主宰一切的神、宇宙精神、宇宙道德原则。汤一介进一步认为"天"涵盖了三种意义，即有人格神义的主宰之天，自然界中的自然之天，以及具有超越性义和道德义的"义理之天"。在这个基础上，我们可以将"天"的意涵概括为四点：物理性的"自然之天"、神圣性的"神灵之天"、道德性的"道德之天"以及超越性的"义理之天"。

儒家认为"天"是一切生命和价值的根源，视其为最高主宰，把由"天"赋予人的使命或德性定义为"天命"。同时，儒家将导致人的生死、健康、逆境与幸运等不可预测的外在因素称为"命"。在先秦时期，儒家认为"德"是连接天与人之间和谐互动的纽带，强调了"敬德"与"尊天"的重要性。人类通过理解和掌握天意，认识到了"天"中蕴含的自然规律和秩序，将之视为宇宙的大法和普遍规律。被赋予了神格的"天"深入参与到人类社会的发展中，自然界的天也被纳入信仰体系中，从而连接了物质世界与精神领域。在这一过程中，"天"保留了其理性的属性，并融合了神秘的元素，推动了先秦儒家关于天命的独特理念的形成。

孔子所言的"知天命"可以理解为通晓上天的意志，是上天决定人类命运的观点。这一观点首先基于对天地祖先的信仰，其次人们通过修德可以实现天人的连接，这与中国古代神话中的祭祀异曲同工。原始先民认为人与自然之间存在着某种看不见的必然联系，通过祭祀仪式表达信仰，通过巫师的巫术可以连通上天，改变自然。孔子的教义深植于周朝的社会观念中，他虽然强调"不语怪力乱神"，但是难以跳出周朝天地祖先的信仰，依然未能完全脱离周朝对天地祖先的崇拜。从小对祭祀典礼如"陈俎豆，设礼容"颇感兴趣的孔子，强调"礼"的实践，尤其是祭祀活动，认为它是"仁"的最高实现，"礼有五经，莫重于祭"及"宗庙之祭……仁之至也"便是其观点的体现。这些关于"礼"与"仁"的教义实际上建立在对天地鬼神的信仰之上，他所倡导的宗教礼仪直接源自古代神话的记载。

2. 血缘宗法制下的"亲亲"观

中国古代的血缘宗法制度强调通过维护家族纽带和血统关系来确保社会结构和道德秩序的稳定。其渊源可以追溯到原始氏族公社时期，成熟于商代，完善于周代。《诗经·周颂》曰："烈文辟公，锡兹祉福。惠我无疆，子孙保之。"在周朝，有功德的贵族或官员受到分封，他的子孙能继续维持这种优良的传统。因此可以看出在宗法社会遵循"亲亲"的原则，而这一思想在儒家得到深化和提升，成为维系社会和谐与秩序的基石。我们通过上古神话可以轻易找到诸多种姓脉系，它们正是氏族公社时期血缘关系的集中反映。《世本·氏姓篇》记："女氏，天皇（伏羲）封弟娲于女（汝）水之阳，后为天子，因称女皇，其后为女氏。夏有女艾，商有女鸠、女方（房），晋有女宽，皆其后也。"在早期的母系社会中，由于群婚制的实行，女性主要负责家务和农活，血统及财产的继承都是以母系为主。然而农业的发展使得男性逐渐成为农业生产的核心力量。伴随对偶制的确立，男性开始占据社会的统治地位，从而促使社会结构向父系氏族过渡。在父系社会中，男性不仅主导农业生产，血统和财产继承也以父系为主。社会逐渐由以宽松的血缘关系组成的母系氏族向严格的父系宗族国家转变，王位和财产的继承坚守血缘规则，表现为血统宗法制的形态。《礼记·礼运》中提到："今大道既隐，天下为家，各亲其亲，各子其子，货力为己，大人世及以为礼，城郭沟池以为固，礼义以为纪，以正君臣，以笃父子，以睦兄弟，以和夫妇，以设制度，以立田里，以贤勇知，以功为己，故谋用是作，而兵由此起。禹、汤、文、武、成王、周公，由此其选也。"这时便已经强调子女继承父业，财产为私。

儒家强调的"亲亲为大"，指的是人们应该优先关心自己的家庭成员和亲戚，而这种关怀和义务应该优先于对其他人或社会群体的关怀。孟子认为"仁之实，事亲是也。义之实，从兄是也"。在儒家看来，家庭是一种最基本的社会组织形式，它应该得到充分的关注和重视。通过关心、照顾家庭成员，每个人都可以培养自己的仁德和忠诚之心，从而以和谐、稳定家庭为基础，推动整个社会的和谐与稳定。《礼记·大学》指出：古之欲明明德于天下者，先治其国；欲治其国者，先齐其家；欲齐其家者，先修其身；欲修其身者，先正其心；欲正其心者，先诚其意；欲诚其意者，先致其知；致知在格物。治家与治国具有相同的逻辑，由治家扩展到治国，治理国家必须先整顿家庭，家庭和谐才能国家稳定。在中国的传统社会结构中，家庭是基本单元，每个社会成员都与这种血亲宗法系统紧密相连，无法独立存在，因此保障社会的稳定首要在于保持家庭的和谐。

3. 等级制下的"尊尊"观

《礼记·大传》："上治祖祢，尊尊也；下治子孙，亲亲也；旁治昆弟；合族以食，序以昭缪。别之以礼义，人道竭矣。"意思是说，尊崇祖宗是上位者的责任；关爱子孙是下位者的义务；处理好兄弟姐妹之间的关系；全家人共享食物，以此表彰家族的尊严。通过礼节和道德规范来分别，人情道义得以充分体现。做人的道理，也就是这么多了。在周朝，整个社会制度就是一个严整的等级结构，亲贵合一，尊卑有分，亲疏有别，各种等级关系不可逾越。孔子将这种严整的等级制度进一步理论化。

儒家的等级观念"尊尊"，根基深远，早在上古神话中已有迹可循。《管子·五行》中就有相关记载，黄帝借助奢龙、祝融、

● 唐　吴道子　先师孔子行教像

大封、后土分别辨识四方。黄帝通过六相[1]来治理天地，展示了神明的治理至臻完善。这六相的设立反映了早期"君君""臣臣"的社会构想，表明尊卑分明的等级秩序在那时已有雏形。儒家"尊尊"的等级观由孔孟提出并确立，经汉代董仲舒等人的发展和推广，最终成为封建社会的核心治理原则。

三、儒教神话体系

很长时间以来，我们一般认为儒家是实用理性主义，"不语怪力乱神"，很少有人将儒家与神话联系起来。然而随着对儒家文化和中国神话的研究逐渐深入，学术界形成了一个普遍的认知，即神话不仅仅是原始人的游戏，而且是伴随人类终始的一份精神遗产。儒教神话构筑了一个庞大而丰富的系统，包含了对于神话的基本理论和观念的认识和祭祀体系，形成了儒教神话的独特面貌。

1. 对于神话的基本理论和观念的认识

儒教的神话与祭祀密切相关，因此儒教神话的基本理论和观念就要着重探讨关于神、鬼的界定问题以及祭祀对象问题。鬼神被视为一种精气的存在，当人死后，身体腐朽归于尘土，而其精气则上升变成鬼。其他事物释放出的精气则形成神。圣人将其命名为鬼神，并利用这一概念来教育人民，使人民对其产生敬畏并顺从。因此，儒家礼仪中，祭祀活动占据了核心地位，既包括对天地、山川的崇拜，也涵盖了对祖先和历史上有功之人的纪念。《礼记·祭法》中进一步阐述了谁应当受到祭祀，包括对于能够推动社会发展和为大众贡献的历史人物的祭祀。例如，崇拜能够推动农业发展的人物如帝喾、尧、舜等；契因其

---

[1] 六相：传说中辅佐黄帝的六位大臣，即蚩尤、大常、奢龙、祝融、大封、后土，分掌天地四方。

在司法上的贡献而受到祭祀；颛顼因其对天文知识的整理而受到崇敬；此外，治水有功的禹也被特别记载与崇拜。《礼记·曲礼》提供了更详细的关于各阶层如何进行祭祀的规定：天子祭天地，祭四方，祭山川，祭五祀，岁遍。诸侯方祀，祭山川，祭五祀，岁遍。大夫祭五祀，岁遍。士祭其先。凡祭，有其废之，莫敢举也。有其举之，莫敢废也。非其所祭而祭之，名曰淫祀。淫祀无福。这些规定旨在保持礼仪的正统和秩序，反映了儒家对社会秩序和道德规范的重视。任何不符合规定的祭祀活动被视为"淫祀"，不仅无法带来福祉，反而可能招致不祥。

2. 祭祀体系

《尚书·舜典》记载："肆类于上帝，禋于六宗，望于山川，遍于群神。"这一古老的经文描绘了舜统治时期祭祀的神灵体系，表现了对上帝至上的崇敬。这神灵体系涵盖了自然神灵如天、地、山川等，以及人神如历代帝王、先师等，形成了一套完整的祭祀制度。尧舜时期的神灵祭祀体系成为儒家传承的源头，后来的儒学经典更细致地记载了这一祭祀体系，奠定了国家祀典的基础。君主们将这一体系作为祭祀仪式的指南，制定了国家祭祀的具体制度，保持着对上帝及其他神灵的敬畏之情。

在国家祭祀的体系中，上帝被视为至高无上的主宰，象征着国家的根本力量。司马迁将五帝系统纳入《史记》，使五帝神话被嵌入儒学的历史神话之中，后世许多统治天下的民族，都将自己的谱系与五帝接轨，成了中国文化传统的一部分。

随着社会的进步，出现了皇家册封地方神灵的情况。尽管这些神灵在文化内涵上呈现了儒释道三教融合的复杂特征，但皇家的册封几乎完全按照儒家原则，即有功烈于民、办事利国利民。被国家册封的地方神灵构成了一个庞大的神话体系，这一体系成为地方主流神话，使得儒教的神话与信仰真正有了群众基础。同时，普通的地方神灵逐渐升华为国家神灵，融入国家神话体系。

四、儒教对神话的影响

1. 神话历史化

神话历史化是文化演进中的一种独特现象，即将原本荒诞的神话内容解释或重塑为历史事件。神话历史化的趋势延续了千百年，从殷代开始，持续到春秋时期。神话的历史化主要通过两种方式进行：一种是直接将神话故事转化为历史记载；另一种则是保留神话的内容，并将其解释为具有历史根据的事件。这种转换不仅令神话中的超自然事件和神祇人格化，神话中的神明和英雄在这一过程中被视为历史上的圣君或理想化的领导者，与之相关的故事也更加符合逻辑和历史真实性的标准，赋予它们更深层的意义和社会影响力。

神话历史化是神话发展的必然结果。一方面，神话与历史有着同源关系。马克思曾在《〈政治经济学批判〉导言》中指出"希腊艺术的前提是希腊神话，也就是已经通过人民的幻想用一种不自觉的艺术方式加工过的自然和社会形式本身"。中国神话代表了古代社会智慧的积累，映射了早期人类对自然和社会的理解，展示了中国历史进程的演变。神话及其形成的思维方式反映了人类社会在特定发展阶段的复杂变化，这在一定程度上记录了历史的痕迹。另一方面，"商周两朝都盛行以血缘关系为前提的祖先崇拜，这种思想观念具有世俗文化特征和思想上的排他性，因而成为以博大胸怀和进取精神为特征的神话发展的严重障碍。在宗法奴隶制社会里，最高统治者除热衷于自己部族起源的神话之外，对其他部族起源的神话一律采取排斥的态度"[1]。未能给予完整记录和应有的关注,这自然导致了许多神话的消失,并因信息不足而导致断裂和变形,甚至只能依附于古代诗词传承下去。

神话历史化是神话传统、宗教哲理以及历史思想发展的必然产物,不是简单由个体推动的现象。在这一转化过程中,先秦儒家扮演了关键角色,他们不仅加速了这一发展,还对其进行了推广和归纳。如果缺少先秦儒家的影响,神话向历史的转化可能会远不如现在这般顺利和完整。孔子不仅是历史上最早觉察到神话历史化现象的人,而且是第一个正式记录这一现象的人。例如,最早确认尧、舜、禹神话演变为历史传说,并正式记录下来的人,正是孔子。[2] 在孔子之前,三皇五帝如尧、舜、禹等人物在中国古代文献中具有较强的神话色彩,被描绘为半神半人的存在,具有超自然的力量和神圣的使命。然而,到了春秋晚期,随着儒家思想的兴起和文献的逐渐丰富,这些传统英雄的形象开始人性化和历史化。尧被赞誉为明察秋毫的君主,制定了法度和礼制,以选贤任能著称;舜以其在农事上的勤劳和对家庭的孝顺,展示出了仁爱和孝悌的美德;禹则以其治水功绩闻名,放弃个人家庭的利益,致力于国家的大业。这些形象逐渐从神话传说中的神祇或半神角色转变为具有社会历史特征的英雄模范。这种变化反映了儒家学说中重视人间道德和政治实践的思想倾向。

2. 神话实用化

赵沛霖先生认为:"神话的实用化,是指以功利的态度对

---

[1] 赵沛霖. 论中国神话的历史命运 [J]. 天津师大学报(社会科学版),1997(1): 46-52.

[2] 赵沛霖. 孔子发现和肯定神话历史化的重大意义 [J]. 贵州社会科学,1995(3): 72-76.

待神话,把神话所体现的超自然的神奇力量用于现实的目的,以满足人的主观需求(包括精神需求和物质需求)。神话实用化主要表现在两个方面:一、利用神话反映的事物之间的超现实的神秘联系,把它演变为预知未来的术数——物占;二、利用神话的超自然的神奇力量……使其在现实生活中发挥实际效用。"[1]神话实用化将复杂或抽象的宇宙观和社会观念以更具体、易于理解的形式传达。同时这种实用化为典章制度的神圣性提供了坚实的基础,既记录了当时的思想文化特征,也体现了这些文献内容的神圣不可侵犯性,进而通过宣称与伟大的神或传奇英雄的血统或命运相联系,增加统治者的合法性。

神话实用化现象的出现源于先秦时代的"万物有灵"思想,使人们形成了物我合一、天人合一的观念。受此思想影响,中国人相信人与天、人与物之间存在感应和相通,通过解读天象和物象的变化,他们能够推测事物发生的原因并进行对未来的预测。神话因此成为一种现成的解释和完整的说明。《周易·系辞》中提到:"探赜索隐,钩沉致远,以定天下之吉凶,成天下之亹亹者,莫大乎蓍龟。是故天生神物,圣人则之。"蓍草和龟甲被视为有灵之神物,利用它们进行占卜可以与神通人类之间建立联系。占卜内容与图腾崇拜的"龙""凤""麟"等形象、日月星辰以及人们的日常生活紧密相连。通过以物预测事,阐明道理,并用神话证明和解释,人们在强化神秘性的同时,完成了对某些现象的认知和解释。虽然对现代人来说这些神话可能显得不可思议,但对古人而言,这些是既熟悉又自然的"真实的想象"。人们可能不完全相信这些想象,但仍旧坚信它们与现实生活和历史紧密相连。在不断探索未知和解释已知的过程

---

[1] 赵沛霖. 论中国神话的历史命运 [J]. 天津师大学报(社会科学版),1997(1):46-52.

中，神话成了不可忽视的论证工具。为了增强政治论述的神圣性，先秦儒家积极将神话内容转化为具体的占卜实践。从抽象的神道观念领域发展到实际应用的神道设教领域，实现了神话的实用化，并在改造神话的过程中发挥了重要作用。

第三节 中国神话与道教

一、何为道教

道教是张道陵在东汉时期创立的中国本土宗教。道教的起源可以追溯至殷周的巫术和战国的神仙方术。在战国时期，巫术和求仙、炼丹的神仙方术逐渐融合，汉顺帝时期（公元126年—公元144年），张道陵与弟子前往四川鹤鸣山修行。永和六年（公元141年），他编撰了《太平洞极经》，并以符水咒法治病，奠定了道教的基础。到了汉末，张道陵及其后继者将追求长生的神仙方术与老庄哲学的修道养寿理念结合，逐步确立了道教作为独立宗教的地位。

张道陵及其继承人深入结合老庄哲学的修道养寿理念，形成了完整的道教教义体系。道教最初尊奉老子为祖师，称其为"太上老君"或"道德天尊"，并将其视为太一，即"道"的化身，这体现了老子哲学思想对道教的重要影响。随着道教的发展，文化元素逐渐融合，盘古被尊为最高神——"元始天尊"。《历世真仙体道通鉴》中提到，盘古不仅是开天辟地的先祖，还是天界的主宰，体现了道教对宇宙起源的解释。道教不仅继承了道家的哲学思想，如"道生一"，这一概念认为"一"即"元道"，是宇宙的永恒秩序，是万物产生的本原。老子的《道德经》成为道教的经典之作，其提倡的自然无为、退让守柔等思想成为道教教义的一部分。

道教的教义不仅涉及哲学和神秘主义，而且涵盖了实用的方术，如炼丹和求仙，这些实践旨在通过修行达到长生不老的最终目标。道士，作为道教的布道者和修行者，致力于传播和实践这些教义，通过对神人、真人、仙人以及道人的崇拜，形成了一套完整的信仰体系，使道教成为一个具有深厚文化根基和广泛社会影响的宗教。

二、道教教义中的神话根源

1."道"

神话与道教在宇宙观、自然观和宇宙运行方面具有相似性。《五运历年纪》中记载了盘古的垂死化身形成宇宙的过程，"首生盘古，垂死化身。气成风云，声为雷霆，左眼为日，右眼为月，四肢五体为四极五岳，血液为江河，筋脉为地里，肌肉为田土，发髭为星辰，皮毛为草木，齿骨为金石，精髓为珠玉，汗流为雨泽，身之诸虫，因风所感，化为黎甿"。古代先民将宇宙视为一个巨人，他的身体构成了世界万物。在吴楚地区，盘古夫妇的形象联系在一起，代表着阴阳的诞生。

《太平御览》："天地浑沌如鸡子，盘古生其中……一日九变，神于天，圣于地。天日高一丈，地日厚一丈，盘古日长一丈。如此万八千岁，天数极高，地数极深，盘古极长，后乃有三皇。数起于一，立于三，成于五，盛于七，处于九，故天去地九万里。"这一段内容进一步详细描述了盘古的创世过程，不仅仅是对一个创世神话的叙述，更是对宇宙生成和秩序建立的深层探讨。盘古在混沌初开的宇宙中，通过其巨大的生命力和不断的自我变化，将天地分离，从而创造出一个有序的世界。这一过程象征了从无到有、从混沌到秩序的哲学思考。叶舒宪先生指出：

"追寻宇宙本源或第一因,不仅是早期哲学的共同特征,也是神话,尤其是创世神话的根本特征。"[1]

盘古化身为自然现象和世间万物,这种观念不仅体现了中国古代哲学中的天人合一的思想,也与道家追求与自然和谐共处的理念不谋而合。老子在《道德经》中提出的"人法地,地法天,天法道,道法自然",强调了宇宙间一切事物都遵循自然的法则,人类的行为也应当顺应这一自然秩序,以达到天人合一的和谐状态。庄子的《逍遥游》进一步发展了这一思想,通过寓言故事形象地描述了个体与宇宙的统一。这不仅是一种物理上的释放,更是心灵层面的超越与自由。这种描述不仅深化了人与自然和谐共生的概念,也反映了道家对个体解放和精神自由的追求。

不难看出,道家哲学与中国古代神话之间存在着密切的联系。道家的核心概念——"道",作为宇宙的根本原理和万物变化的动力,为理解神话故事提供了一个独特的视角。《庄子·逍遥游》中,庄子提到:"北冥有鱼,其名为鲲。鲲之大,不知其几千里也。化而为鸟,其名为鹏。鹏之背,不知其几千里也……是鸟也,海运则将徙于南冥。南冥者,天池也。""从神话宇宙模式的象征意义与对应规律看:'北冥'即北方冥界,是个多水与黑暗的地方;'南冥'指出了为'天池',系为上界,即天界,也指南方,代表光明。从北冥至南冥即是从黑暗向光明的运行,为此水生动物也化为飞行动物,这正是'道'的运行,太极的运动。"[2]他用鲲和鹏这两种动物之间的关系生动地比喻了太阳的升起和落下,通过鲲鹏的故事,不仅描绘了自然界的奇观,而且隐喻了"道"的运作方式。这一比喻深刻地揭示了天地间

---

[1] 叶舒宪. 中国神话哲学[M]. 西安:陕西人民出版社,2005.

[2] 闫德亮. 神话与道教关系论——兼论神话与道家[J]. 信阳师范学院学报(哲学社会科学版),2009,29(1):62-68.

动态平衡的哲学思想,即一切事物都在"道"的引领下,按照自然规律生成、变化和消亡。

《山海经·大荒西经》中提到:"有鱼偏枯,名曰鱼妇。颛顼死即复苏。风道北来,天乃大水泉,蛇乃化为鱼,是为鱼妇,颛顼死即复苏。"《淮南子·地形训》中也指出:"后稷垄在建木西,其人死复苏,其半鱼在其间。"在这些神话中,颛顼和后稷作为谷神,代表了农作物的生命周期——种植、生长、收获,以及随后的再生。这种周期性的生命观念不仅局限于农业实践,也被引申为更广泛的宇宙循环理论。这与老子在《道德经》中提到的"谷神不死,是谓玄牝。玄牝之门,是谓天地根"相呼应,反映了道家"周行而不殆"的哲学理念,即宇宙中一切现象都是循环往复、永无止境的。这些神话故事虽然源于原始的宗教信仰和观念,但它们在道家哲学的解读下获得了新的意义。道家的理论观念通过吸收这些神话内容,形成了一套完整的哲学体系,不仅帮助我们理解古代人如何通过神话来解释世界,还展示了如何通过哲学来深化对这些神话的理解,从而洞察自然与宇宙的深层规律。

2. "万物有灵"

在人类早期的原始宗教信仰中,人们通过对自然现象的观察和经验,逐渐形成了"万物有灵"的概念。神话作为人类思维与想象的产物,将"万物有灵"的观念深度融入了其发展过程中。通过对神灵的崇拜和祭祀,人们试图解释自然现象的起源和运作机制,将自然物赋予人格化的特征,从而构建起一个充满神灵的神话世界。在道教的信仰体系中,"万物有灵"的理念更是被深刻地诠释和发扬。著名的道家代表人物葛洪在《抱朴子·微旨》中明确指出:"山川草木,井灶洿池,犹皆有精气;人身之中,亦有魂魄;况天地为物之至大者,于理当有精神,有精神则宜赏善而罚恶，但其体大而网疏，不必机发而响应耳。"葛洪主张自然界的各种物质都蕴含精灵之气，人类不仅拥有肉体，还具备灵性；而广袤的天地也应具有某种形式的意识和人性意识。在生命与灵性这一方面，世界万物存在着某种共通之处，无情之物有可能转变为有情之物，反之亦然。道教"万物有灵"观念与原始先民的观念已经有了根本的不同，原始的"万物有灵"观念是人类童年时期一种直觉的表象活动，完全是原始逻辑思维的文化产物，离理性认识阶段还有很大差距。而道教的"万物有灵"观念则显然具备文明时代自觉的理性思维性质。[1] 在原始宗教信仰中，自然神灵的地位不甚明晰，彼此之间缺乏明确的等级差别和从属关系。相反，道教的神灵体系则与人类社会的结构类似，清晰地区分了各级神灵的地位，形成了一个完备的等级制度。最高级的神灵拥有至高无上的权力，可以裁定善恶，左右其他神灵的命运。道教将神话人物完全融入其宗教体系之中，赋予其特定的角色和职责，用以满足信徒的信仰和修行指引需求。这样一来，神灵体系的建立使得道教的神话世界更加丰富多彩，更具有组织性和层次感，同时也为信徒提供了更明确的信仰对象和引领方向。

3. 尸解成仙

道教的目标是通过特定的修行方法，使身体脱离尘世，达到超凡脱俗的境界，实现长生不老，成为仙人。其中一种修行方式是尸解成仙，他们认为人死并非终结，而是获得再生的机会，转化为长生不死的神仙。这种不死的信念在人类历史的早期就已经出现。古代中国神话中常常有关于长生不死的记载，而道教的核心理念之一便是追求长生不死。因此，中国神话与道教

---

[1] 王增永. 神话学概论 [M]. 北京：中国社会科学出版社，2007.

的不死观念是一致的。

原始人类的不死观念起源于对某些生物活动的观察，古人认为蛇蜕皮不死，可以重生，是"不死之身"。蛇作为古代耕作和狩猎中常见的一种"奇特的"动物，其无脚却移动迅速，无手而能捕捉猎物，它们能够在蜕皮后依然活得很好，这些原始先民难以解释的现象让他们既惊叹又向往，引发了各种浪漫想象。蚕化为蛾的现象同样引发了对生命转化的思考，被视作生命不死的神奇象征。古墓中发现的石蝉和玉蝉被置于死者口中，这种做法表达了获得新生的愿望。崇拜蛇的图案强调了蝉蜕和蛇解作为生命再生和不死象征的意义。战国时期的求仙活动激发了对长生不死的追求，将蝉蜕和蛇解与得道成仙联系在一起。西汉时期，刘安及其方士提出了人可以像蝉蜕和蛇解一样再生成仙的理念。《山海经》中的《海外西经》与《大荒西经》都记载了轩辕之国的"不寿者八百岁"，可见那里的寿者将万寿无疆。《山海经·大荒南经》中提到"有不死之国，阿姓甘木是食"。《山海经·海外南经》中描述"不死民在其东，其为人黑色，寿，不死"，这种"不死"正是道教所追求的境界。

在古代神话中，长生不死的追求与死亡不可避免地共存，这种看似矛盾的存在反映了古人对生命和死亡深刻的哲学思考。通过神话故事中的"复生"与"变形"，古人表达了一种深层的信念：死亡不是生命的终结，而是新生命的开始，这一过程展示了生命的不断循环和永恒。例如，颛顼变为鱼妇、鲧化为禹、稷为后稷、夸父的杖变为邓林、蚩尤的桎梏化为枫林、女娲变为精卫等故事，都是通过形态的转变描绘了生命的延续与新生。这些神话通过描绘个体如何在面对死亡时转化为新的存在形式，表现了一种超越物质肉体的不朽观念。《庄子·逍遥游》中，鲲鹏的故事也体现了变形的主题，通过鲲变为鹏的巨大转变,象征着生命力的强大与无限的可能性。庄子通过这种寓言表达了对传统形态固定观念的挑战,强调生命的自由和变化的必然性。这些神话中的不死信仰与道家的羽化成仙理论异曲同工,两汉时期,追求长生不死的仙人理论与成仙的实践逐渐形成并广泛传播,尸解成仙的理论在道教中尤为重要,它认为人的灵魂不死,通过身体的解脱可以实现灵魂的升华和仙界的进入。这一理论不仅反映了形态变化的观念,还强调了精神与形体的共同再生,提供了一种超越死亡的方式。到了魏晋时期,随着道教思想的进一步发展,尸解仙的理论被整合和扩展,成为更加系统化的生命观,体现在道教的三品说中。这些教义不仅加深了人们对生死循环和灵魂不朽的理解,也丰富了道教的神话体系和宗教实践。随着炼丹术的发展,魏晋时期产生了更为突破性的服药尸解说。许多道教信徒认为,通过服食经过提炼的丹药,就可以实现长生不死的目标。关于尸解化鹤的记载最早见于《列仙传》:陵阳子明在仙人的指导下服食五石脂,乘龙而升仙,预告百余年后与子安见面。事实上,20年后,子安去世,而陵阳子明的灵魂以黄鹤的形态显现,表达了重生的象征。类似的记载还见于《搜神后记》[1],描述了丁令威化鹤升仙的情节。到了葛洪时期,化鹤成仙的观念已经变得非常明确。《抱朴子·对俗》中明确指出:"古之得仙者,或身生羽翼,变化飞行。"《神仙传》中叙述苏仙公成仙后,化为白鹤停留在城楼上,与人交流。这几个例子不仅明确地表达了人类升仙后化成鹤鸟的观念,而且显示出受到精卫神话影响的变形观念在道教中的传承。从神话到仙话的演变过程展示了文化在不同历史时期的自然进展,体现了人类对抗死亡和追求长生不老的想法。随着道教的

---

[1]《搜神后记》:(东晋)陶渊明著;多记述神仙妖异变怪之谈。

兴盛，多种理论和传说被重新整合，并被纳入其宗教体系之中，形成了一套具体的宗教信念。

三、道教对神话的影响

1. 神话仙话化

神话的仙话化，是神话在传承过程中的一种显著特征。随着神话的传承，其中的一部分逐渐受到后来兴起的神仙信仰的影响，进而被融入并发展为仙话。

道教在对创世神话的仙话化过程中，赋予了神话中的创世神灵仙人的属性，将其纳入道教的神仙信仰体系，重新诠释了创世神灵形象与神话内涵。盘古在神话中是一个巨大的神灵，他开天辟地，化生天地万物。相传由东晋葛洪创作的《枕中书》云："昔二仪未分，溟涬鸿蒙，未有成形，天地日月未具，状如鸡子，混沌玄黄，已有盘古真人，天地之精，自号元始天王，游乎其中。"在道教的仙话化中，盘古被赋予了更为具体的人格，被尊称为"盘古真人"或"元始天尊"。他不仅是创世的神明，更是道教信仰中的元始天尊，位居于其他众仙之上。同样地，女娲在创造人类、补天造物之后，被描绘成乘坐神秘的仙车、飘逸而仙雅的仙人。她的形象与行为更符合道教对仙人的特定描绘，如乘龙、驾鹤、登仙朝帝等。在某些地方的民俗观念中，女娲最终甚至被仙化为"送子娘娘"。西王母神话同样经历了类似的仙话化过程，她从神话中的大神转变为被赋予仙人的属性，纳入道教的神仙信仰体系。在《山海经》中，她的形象如"豹尾""虎齿""戴胜"，是一个掌管着刑杀大权、操纵着人间生死的生命之神。然而，到了魏晋时期，西王母的形象得到了更为明确的改变，成为仙道人物，乘云、驾龙，掌管着不死之药，更有汉武帝迎拜西王母，请不死之药的描述。在唐代以后，她与玉皇大帝被配对为夫妇，

● 元　张渥　瑶池仙庆图　轴

元人崇信道教，瑶池乃西王母之寓所，画中所见女仙为西王母，头戴华冠、乘风驾云而来，侍女手捧仙桃，二人俯视商山四皓，其旁童子欢欣鼓舞，取长寿吉祥之意。

被称为"王母娘娘",管理女仙,掌管着长生不死的蟠桃和仙药。后羿是神话中的古天神,以善射著称,是一个神话英雄。嫦娥是月母衍生出的神话人物,原本与羿没有任何关联。然而到了汉代,嫦娥的形象发生了转变,成为羿的妻子,羿也转变为神仙人物。

神话仙话化是中国神话在传承过程中呈现的独特特征。随着社会经济的发展,社会文化不断演进,信仰体系也随之变迁。古老神话失去了其社会基础,农业社会注重人的作用,人们的着眼点主要放在现世而非来世,认为只有长寿才能在人间充分享受快乐。在这一社会思潮下,神仙说借助神话在民众心目中的地位和影响进行仙话化,道教的崛起也为社会提供了一种新的信仰体系,以长生不死为核心的仙道思想得到广泛认同。神话中的神与道教中的仙都作为自然力人格化的产物有着超自然的神性,这种相同的神性使得神与仙能互相"融合"或"借用",于是便产生了盘古既是开辟神又是盘古真人,掌管不死药的西王母既是天神又是道教中的王母娘娘的情形等等。道教将上古的神话人物融入自己的神仙体系,进一步推动了神话仙话化的进程。神话通过仙话化得以保留与发展,同时也巧妙地融合了道教的理念。

2. 神话哲学化

道教把老庄哲学视为其思想的源头,并将这一哲学应用于对古代神话的解读和再创造。在这个过程中,上古的神话被哲学化,为道教的宗教体系和信仰提供了深刻的文化和哲学基础。特别是"太一神"[1]这一概念,在中国古代神话中占据着核心地位。太一被认为是宇宙的最初原始存在,象征着无极和绝对的

---

[1] "太一神":汉代国家祭祀的天帝、至高神,源自先秦时期宇宙元气、星宿等概念。

●唐 吴道子（传） 八十七神仙卷

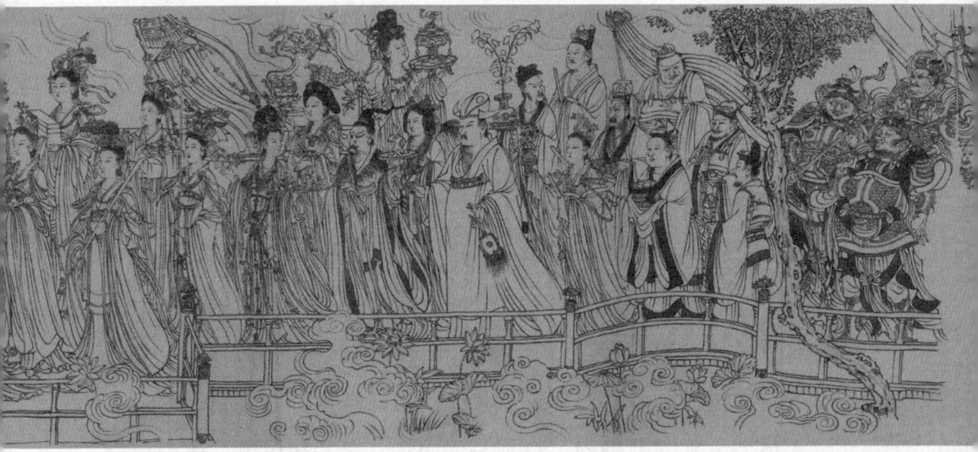

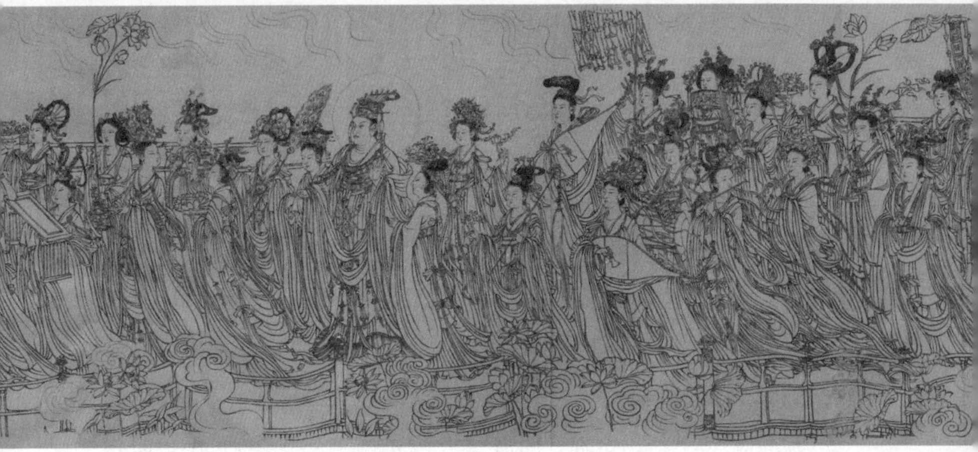

统一，它在神话中作为至高神存在，道教也借此将太一神的概念提升为更为抽象和哲学的高度。关于"太一神"的记载，在传世文献中最早见于《楚辞·九歌·东皇太一》。《文选》唐五臣注："太一，星名，天之尊神，祠在楚东，以配东帝，故云东皇。"《淮南子·天文训》记载："太微者，太一之庭也……紫宫者，太一之居也。"高诱注："太一，天神也。"可见"太一"乃天帝的形象，"太一神"有至高无上神的意义。在原始氏族中没有"唯一神"。在各个古代部落和氏族中，他们所崇拜的主神、天帝或至高神，最初都是以具体的自然现象，如太阳、月亮等天体或天象为基础的。特别是太阳神，在某些情况下还会与特定的图腾神、祖先神相结合，形成一种综合的崇拜体系。因此，最初的神灵信仰并非以"天"或"最高神"为对象，而更多的是与自然现象和个别部落的生活习俗相关联。叶舒宪也从太阳祭祀仪式的角度论证了"无限神秘的太一神只不过是原始太阳神的抽象化、观念化"。[1]

先秦哲学思想的发展，必然会开启神话从具象到抽象的大门。《庄子·天下》中"太一"的哲学表达已然清晰可见："建之以常无有，主之以太一。以濡弱谦下为表，以空虚不毁万物为实。"这里的"太一"已经脱离了神话形象和巫文化的桎梏，陈鼓应注："指绝对唯一的道。"[2]《淮南子·诠言训》中也明确提到："洞同天地，浑沌为朴，未造而成物，谓之太一。"这些表达将"太一"塑造成为哲学思想的抽象概念。也有学者认为"阴阳"的观念可能最初源自女娲伏羲的说法。尹荣方就认为，女娲很有可能是道家或阴阳家在构筑宇宙体系及解释万物起源时

---

[1] 叶舒宪. 中国神话哲学[M]. 北京：中国社会科学出版社，1992：176.
[2] 陈鼓应. 庄子今注今译[M]. 北京：中华书局，1983：882.

创造的一个概念。[1]"五行"学说可能起源于"四方神"的观念。[2]

在蒙昧时期人类理性尚未发达，面对有限的认知条件，人们只能通过具象的神明来尝试解释世界，探索自然。随着认知不断增长，人们逐渐意识到具象的神明表达不能很好地解决问题。因此，先民们逐渐跳出了这种具象的框架，引入了抽象概念。道教将神话中的神祇的具体形象抽象为更普遍的哲学概念。

第四节　中国神话与佛教

一、佛教

佛教源于古代印度，由祖师乔达摩·悉达多创建，后世尊称为释迦牟尼。释迦牟尼生于公元前565年，圆寂于公元前486年，与老子年岁相近，他原为古印度迦毗罗卫国的王子，于十六七岁时结婚，生有一子罗睺罗。在二十九岁时，他放弃俗世生活，投身修苦行，三十五岁改修禅定并最终实现了大道。修成大道后，他放弃了俗家姓名，信徒们尊称他为释迦牟尼。"释迦牟尼"是梵文的汉语音译，其中，"释迦"既是古印度一个部族的名字，又表示"能"的含义，"牟尼"则包含"仁""忍""寂寞"之意。因此，"释迦牟尼"既蕴含释迦族的圣人之意，又具备能仁、能忍、能甘于寂寞的圣人内涵。他从人生不能永存，因而宇宙也不能永存的猜想出发，提出"色即是空，空即是色"的认识，色者，物质也，存在也；空者，精神也，寂灭也。认为世间所有有形之物最终都将归于寂灭，只有精神才能永存。所以人生的终极追求应该是精神之追求。

---

[1] 尹荣方. 神话求原[M]. 上海：上海古籍出版社，2003：43.
[2] 茅盾. 中国神话研究初探[M]. 南京：江苏文艺出版社，2009.

在西汉的末年，佛教开始传入中国。《三国志》[1]中引《西戎传》：汉哀帝元寿元年，博士弟子景卢受大月氏王使伊存口授《浮屠经》，曰复立者，其人也。《浮屠》所载，临蒲塞、桑门、伯闻、疏问、白疏间、比丘、晨门，皆弟子号也。汉哀帝时期，西域大月氏国的使臣来到长安，有中国人向他学习佛教。东汉后期佛教传入中国并经历了一次变革，由小乘佛教以自利修罗汉果为最终目标的教义，转变为以利他修菩萨行成佛为最终目标的大乘佛教。此时，儒家思想在中国占主导地位。大乘佛教的"慈""信""善""舍"等教义与儒家学说的"仁爱""信义""忠孝"等相契合。这使得佛教在中国迅速传播，同时也在传播过程中逐渐融入了汉化的元素。其中，佛教核心教义中的"众生平等"在僧侣中仍被尊奉为最高信念，而在俗家信徒中则相对淡化。对"众生平等"教义的变通理解，例如"卫道除魔不违佛之本义"，使得佛学和儒学更加接近。

二、佛教与中国神话的融合

佛教在中国的汉化过程深刻地影响了中国的思想、学术和文化，将许多佛典中的人物融入了中国的神话传统。观世音（观音）、善财、龙女、文殊、普贤、韦驮、四大天王、十八罗汉、夜叉、哪吒、龙王、弥勒佛、散花天女等人物通过僧侣们的讲述以及寺庙壁画雕塑的"现身说法"，早已深入一般群众的认知。根据这些人物的不同特点，人们创造了一系列纯粹中国风格的神话。这些神话中，有的人物成为故事的主角，如哪吒闹海神话中的哪吒；有的虽然在故事中扮演着暂居配角的角色，但仍然是非常重要的人物，例如二郎擒孽龙故事中的观音菩萨。不

---

[1]《三国志》：西晋史学家陈寿著，是记载中国三国时期的曹魏、蜀汉、东吴历史的纪传体断代史。

● 宋 李嵩 画罗汉 轴

论是何种情境,这些神话人物让人直观地感受到:尽管它们源自佛教典籍,但在人物形象和故事情节方面,它们已经经历了中国化的过程,成为具有鲜明中国特色的元素。

1. 神话地理的融合

在《山海经》《楚辞》和《淮南子》等古籍中均有记载,昆仑山位于中国西北,被视为宇宙的中心。据称,昆仑通向天极,群神往来于昆仑和天界之间,而且相传昆仑山藏有不死之药。据说只要人类能登上昆仑,便能够长生不老。这些记载表明,中国古代已经形成了以昆仑山为核心的宇宙山和宇宙观的神话地理观念。在东汉时期,正值佛教传入中国、同时道教兴盛之际,昆仑仙山的观念更是深入人心。在《摩诃婆罗多》[1]中,记载了须弥世界,包括高耸入云的须弥山。昆仑与须弥在很多方面相似,都高大广阔,气势恢宏,被视为大地的中心,其上有着光辉煌的金碧宫殿,居住着创造万物的主神和其他神灵,他们守护着长生不死药,周围有大洲、方国,日月星辰围绕它们运转。[2]昆仑与须弥虽然存在一定的差异性,但其相似性远大于差异。佛教徒正是利用了这一点,为了迎合当时中国民众的偏好,将佛教的宇宙观进行中国化,将须弥山与中国的昆仑山建立联系,甚至混淆成为同一座山。

佛教在印度原始神话宇宙观的基础上建构了自己的宗教世界,随着佛教东传至中国,为了融入中国文化,弘扬佛法,佛教采用了将宇宙观中国化的方法。由于昆仑山和印度须弥山在先民观念中都是宇宙山,具有很多相似之处,因此在翻译佛经

---

[1]《摩诃婆罗多》:印度古代史诗著作,成书时间约从公元前 4 世纪至公元 4 世纪,历时 800 年,长期以口头方式创作和传诵。

[2] 沈婉婷,刘宗迪. 须弥与昆仑:佛教神话宇宙观的中国化[J]. 广西民族大学学报(哲学社会科学版),2022,44(6):97-107.

时，一些影响深远的译经大师采用了"格义"的方法，将印度神话地理中的阿耨达山（须弥山）译为昆山。随着地理学家研究的深入和不断的地理探索，人们对于西部地理和中亚地理的认知变得更加具体。许多宇宙观神话地理被对应到现实地理上，例如佛教经典中描述的神圣雪山、香山、阿耨达池都有了具体的位置。在《大唐西域记》和《续高僧传》等文献中，雪山和香山的位置被记载在印度北部和西北部边境，这也促使了神话地理观念向现实地理知识的转变。

2. 神话人物形象的融合

中国传统神话中的伏羲和女娲作为创世神常常在古籍和绘画艺术中得到体现。然而，自北魏时期以后，这些中国传统神话中的创世神逐渐进入了佛教石窟，其古老形象也发生了巨大的变化。在《列子·黄帝》中，谈及"人有兽性，兽亦有人性"时，以伏羲、女娲、神农等为例，描述了他们拥有非人类的外貌却具备大圣之德的特质。对于伏羲，《春秋纬·合诚图》中描绘了其可能具有牛首龙身或人首蛇身的形象，而古代史书也记载了伏羲的众多功绩，如初创八卦、制定文明、创造书契以代替结绳政治等。因此，伏羲被尊为三皇之首、百王之先。在战国时期的《列子·黄帝》中，对"女娲"等的形象也有所记载，描述他们同样为蛇身人面、牛首虎鼻，虽然形貌非人，却具备圣人的德行。女娲在神话中展现了其补天平患、捏土造人以及化生万物的神奇功绩。

在西魏时期，随着汉文化传入敦煌，莫高窟西魏第285窟的壁画成为现今留存的结合仙佛思想最早的洞窟壁画之一。这些壁画采用了以线条见长的中原画法，呈现了伏羲、女娲、东王公、西王母、羽人等中原神话形象。该窟采用覆斗顶，中央为莲花藻井，东披上部以摩尼宝珠为中心，描绘了伏羲、女娲，他们都具有人首、蛇身、虎爪的外貌，衣带飘扬，呈奔跑状，胸前饰有日月轮。伏羲右手持矩，左手拿墨斗，女娲右手持规。下部画有擎着摩尼宝珠的力士、乌获、飞天等。西披中央上部为两飞天合十相对，中央下部为莲花。上部两侧为兽首人身的雷公，下部两侧为飞廉神兽。南披中央为摩尼宝珠，宝珠两侧各有一飞天相对而飞，上身半裸下着长裙。南披下部为羽人、朱雀、乌获或奔跑或飞驰，自由灵动。北披上部中央为莲花，两侧飞天相对而飞，下端构图自由，祥禽瑞兽夹杂其中。

学者贺世哲认为，敦煌莫高窟285窟东披画的两个人首、兽腿、蛇尾的形象即《须弥四域经》中所说的宝应声与宝吉祥菩萨。这两位菩萨是佛教中创造日月星辰的菩萨。《须弥四域经》中提到："宝应声菩萨名曰伏羲，宝吉祥菩萨名曰女娲。"[1] 北周释道安在《二教论·服法非老篇》中将宝应声菩萨称为伏羲，宝吉祥菩萨称为女娲，将这些创世神的形象置于佛陀之下。唐释道绰在《安乐集》中更详细地引证，解释了伏羲和女娲如何被认为是创造日月星辰的神仙。这种类似日月崇拜的联系，使得伏羲、女娲与宝应声菩萨、宝吉祥菩萨在自然中产生了联系。

在莫高窟第285窟的顶部披图像中，神话题材占据主导地位。这是莫高窟首次出现神话题材，以表现佛教中的宝应声菩萨与宝吉祥菩萨。壁画为佛教题材，但通过顶披的四神、飞天、东王公、西王母等形象，巧妙地展示了神话与佛教题材的有机融合。窟中呈现的风雨雷电之神、东王公、西王母等神话图像，以及摩尼宝珠的描绘，既吸引了信众，又展现了佛教与中国上古神话的融合。

---

[1] 贺世哲.关于二八五窟之宝应声菩萨与宝吉祥菩萨[J].敦煌研究,1985(3):37-40.

3. 神话人物的丰富

在西汉末年，印度佛教通过大月氏[1]传入中国，开启了将近两千年的文化交融与思想传播历程，对中国的哲学、文学、艺术及日常生活产生了深远影响。佛教中的许多人物，如观世音、善财、龙女、文殊、普贤、韦驮、四大天王、十八罗汉、夜叉、哪吒、龙王、弥勒佛以及散花天女等，透过僧侣的讲经和寺庙中的壁画与雕塑被广泛传播，这些形象和故事已深入人心，成为中国文化中不可或缺的部分。这些佛教神话人物不仅仅在宗教文本中存在，他们还在中国壁画、民间故事和戏剧中担纲主角或重要角色，展现出各种独具特色的故事情节。例如，哪吒在《封神榜》中的形象为反叛而又充满正义的英雄，观世音菩萨则在多部戏剧和文学作品中，如《白蛇传》中，以慈悲为怀的救世主形象出现。这些人物虽源于佛教教义，但经过中国化的加工与再创造，已与中国传统文化融为一体，形成了具有鲜明中国特色的神话体系。特别是夜叉这一形象的转变尤为显著，在印度佛教中，夜叉是源自印度神话的一类半神性质的小神灵。在佛教中，夜叉作为北天王毗沙门的随从，被列为天龙八部之一。在印度文学中，有的作品将夜叉描绘为恶魔，而有的则持不同态度。在中国文学中，夜叉的形象多被描绘为凶恶的鬼怪。如唐代和宋代的文学作品中，夜叉常被描绘为拥有超自然力量的恐怖存在，唐代《尚书故实》记载："章仇兼琼镇蜀日，佛寺设大会，百戏在庭。有十岁童儿舞于竿杪。忽有物状如雕鹗，掠之而去。群众大骇，因而罢乐。后数日，其父母见在高塔之上，梯而取之。则神如痴，久之方语。云：'见如壁画飞天夜叉者，将入塔中，日饲果实饮馔之味，亦不知其所自。'旬日，方精神

---

[1] 大月氏：公元前 2 世纪中亚地区的一个游牧部族，原居住在中国西北部，后迁徙到中亚地区。

如初。"描绘了夜叉以痴狂之态飞入塔中,食用果实等食物,让人匪夷所思。此外,《博异志》和《太平广记》等唐代以来的文献,也对夜叉进行了淋漓尽致的描述,形象骇人,其凶猛形象在文学作品中得以深刻体现。虽然"夜叉"一名来自佛典,但它在中国神话中已完全本土化了。

佛教经典中的人物哪吒在被引入中国后,成了极具标志性的神话形象之一。哪吒本是释迦牟尼的忠实崇信者,而本土化之后的哪吒被描述为玉皇大帝麾下的大罗仙,具有巨大的体形、三头九眼和八臂,掌控自然现象的能力。因为天界需要他去人间降伏魔王,哪吒便投胎到托塔天王李靖和素知夫人家中。出生不久,哪吒便显示出超凡的力量,五岁时便能在东海中遨游,其行为引发了东海龙王的愤怒,触发了一场激烈的战斗,哪吒最终击杀了九条龙。为了解决与父母的纠纷和拯救世人,哪吒做出了极大的牺牲,割下自己的肉和骨还给父母,随后他的灵魂投奔了佛祖。佛祖利用碧藕和荷叶赋予哪吒新生,令其复活,并赋予了强大的神力。哪吒此后以天帅的身份,常驻天门,成为护法神灵。在《西游记》和《封神演义》等经典文学作品中,哪吒的故事被进一步浪漫化和神话化,其中《西游记》记载哪吒出生时,李天王手掌上神奇地呈现出"哪"和"吒"两字,而《封神演义》则生动描绘了哪吒闹海和莲花化身的场景,展现了佛教人物与中国本土文化的深度融合和相互影响。这些故事不仅展示了佛教在中国文化中的传播与发展,还反映了中国神话如何在不断接纳外来元素的同时,使其本土化、生动化。

第六章 中国神话对文学的影响

在中华文明的绵延历史中，神话不仅是传承古老信仰的载体，更是激发文学灵感的源泉。中国神话如一幅古老而丰富的画卷，深刻地刻画出人类情感、道德观念，对文学创作产生了深刻的影响。

第一节　神话是文学创作的重要题材

神话是远古人类借助想象以反映自然和社会生活的故事，反映了原始人类特有的意识形态和那个时代人类的生活和理想。中国古代神话是中国古代文化的重要组成部分，为后世文学提供了丰富宝藏和武库，除被后人直接载录外，还为后世各类文学创作提供了丰富的素材。

一、先秦文学中的神话元素

先秦时期的伟大巨著《诗经》是我国第一部诗歌总集，其中的作品反映了周朝初期至春秋中叶的人们的各方面的生活，具有深厚丰富的文化积淀，包含了大量的神话元素，极大丰富了诗歌的意蕴。禹、契等神性英雄，在《诗经》中受到了热烈歌颂，展示了他们对国家和人民的伟大贡献，如《商颂·长发》

描写禹治理洪水的情节；《玄鸟》和《生民》这两首诗，分别以神话人物诞生的方式讲述了商民族与周民族的诞生；《国风·墉风·采薇》描绘了季节变化中的不同自然景象，表现了古人对上苍赋予万物生命的想象、敬畏与崇拜。还有些篇章描述了与神话中的神灵、祖先有关的祭祀场景，体现了神话对古代祭祀文化的影响。

古代神话为楚辞提供了非常丰富的素材，使其在塑造人物、描绘场景、表达情感等方面更加生动和深入。同时，楚辞也对古代神话进行了创新性的发展和演绎，进一步丰富了中国古代神话人物和故事情节。如《离骚》中，诗人作为抒情主人公的自我形象具有非常鲜明的神性和神话色彩，"帝高阳之苗裔兮，朕皇考曰伯庸"，这里的"帝高阳"即指颛顼；诗人两次向神巫问卜，三次天地神游，给诗歌注入了神秘的神话色彩。《九歌》吸收了楚地民间神话故事，并借用楚地的祭歌形式写出了优美动人的诗句，把自然美与美人美情结合在一起，诗作中"东皇太一""云中君""湘君""湘夫人"等，都是引用自古代神话中的神祇，他们的出现往往带有某种特定的象征意义。《天问》中，诗人提出一系列奇特的问题，采用了大量神话素材，以类似古代"卜问"的形式深刻表达了忧愤之情。这首长诗也成为研究中国古代神话的重要文献。

二、汉魏时期文学创作中的神话元素

汉代作家在原始神话的基础上充分发挥想象力，进行加工、重塑，衍生出了许多神话意象。以司马相如的《上林赋》《子虚赋》等作品为例，可以看到神话元素的广泛应用，如灵鼓、灵鼍之鼓等，为作品增添了一种神秘而奇幻的色彩。张衡的《二京赋》[1]，神话材料的运用就更为丰富，如宓妃、蚩尤、共工等，其中描述的各种神话景象和神仙形象，使得作品充满了神话的韵味，呈现了一个奇幻而富有诗意的世界。汉赋中，对西王母、东王公、赤松子等众多神仙形象的描绘，他们或驾云乘龙，或乘鹤驭凤，在作品中自由穿梭，不仅具有超凡脱俗的特质，还承载着丰富的文化内涵和象征意义。汉赋作家们常常直接引用神话中的地名，如昆仑、三危、不周、扶桑、汤谷等都出自古典神话元素丰富的《山海经》等典籍，代表着四方极远之境或仙境。在赋中提及这些地名，往往是为了构建一个奇幻而遥远的背景，使作品更具有神秘感和吸引力。作者在引用这些神话地名时，虽然并不注重对这些地方的事物作详细描写，但会通过对其环境氛围的渲染，来展现出一种超然物外的境界。这些地名在赋作中已经符号化，用以指代仙境，成为作家描述求仙远游之事时的一种模式化表述方式。通过对神话地名的描绘，汉赋也间接地展现了汉代人对西域之地、西域之人及西域之物的认识和想象。在这些赋作中，西域之人和西域之物被赋予多方面意涵，同时也反映出赋家自身的际遇、心态及理想。如汉赋中以昆仑幻境和蓬莱仙境为代表的神仙世界，不仅拓展了文学创作的空间，还丰富了文学的表现形式，对后世文人的抒情方式、价值取向、精神寄托都有重要影响。昆仑幻境源自中国古代神话中的昆仑山，被描绘为神仙居住的地方，充满了神秘和威严。汉赋中的昆仑山被赋予了更多的神话色彩，成为神仙世界的象征。蓬莱仙境源自中国古代神话中的蓬莱仙子，被描绘为一个充满仙气、美丽神秘的地方。绮丽美妙的神仙世界让汉代文学熠熠生辉。

---

[1]《二京赋》：东汉张衡作，包括《西京赋》《东京赋》两篇。二京，指西汉的长安（西京）与东汉的洛阳（东京）。

汉代诗歌中,神话的影响依然延续。诗人经常借用神话中的故事情节和人物形象,作为诗歌创作的素材和灵感来源。这些神话元素不仅丰富了诗歌的内容,还为其增添了神秘、奇幻的色彩。诗人通过对神话故事的再创作和人物形象的重新塑造,使得诗歌更加生动有趣,引人入胜。诗歌形式和技巧也受到了中国古典神话的影响。诗人借鉴神话中的叙事方式和表现手法,将其运用到诗歌创作中。比如,采用神话中的象征、隐喻等修辞手法,增强诗歌的艺术表现力;借鉴神话中的叙事结构,使得诗歌更加紧凑、有序。在表达情感和主题时,诗人也深受神话元素的影响,通过借助神话中的人物和情节,表达自己对自然、社会、人生等方面的看法和感悟,进一步丰富了情感表达的层次,使得诗歌在表达情感时更具有感染力和吸引力。比如,通过对神仙生活的描绘,诗人表达了对超脱尘世、追求自由的向往;通过对神话中英雄事迹的叙述,诗人赞颂了英勇无畏、正义凛然的品质。如《迢迢牵牛星》以牛郎织女神话为题材,刻画了牛郎织女的爱情故事。这一传说在中国文化中广为人知,具有深厚的文化积淀和情感共鸣。在描述牛郎织女的故事时,诗人采用了生动的形象和细腻的笔触。如"迢迢牵牛星,皎皎河汉女",通过描绘牛郎星和织女星的遥远与明亮,暗示了两人之间的隔阂与思念。又如"纤纤擢素手,札札弄机杼",以织女织布的情景,展现了她的勤劳与寂寞。这些生动的描绘使得神话传说在诗中得以具象化,增强了诗歌的艺术感染力。诗人还巧妙地运用了叠音词和韵脚,使得诗歌在音节上和谐悦耳,增强了诗歌的音乐性。如"盈盈一水间,脉脉不得语",通过叠音词的使用,传达了牛郎织女无法相见的痛苦与无奈。这种音乐性的运用不仅使得诗歌更加易于传唱,也使得神话传说在诗中得以被更加生动地呈现。诗人通过对这一传说的再创作,将牛郎织女的爱情故事浓缩于诗篇之中，使得诗歌具有了丰富的情感内涵和深刻的文化寓意。诗歌既体现了个人情感，也反映了社会现实。一方面抒发对真挚爱情的追求和对人间思妇离愁别恨的同情；另一方面，也反映了东汉时期动荡社会中游子思妇的现实痛苦。这种个人情感与社会现实的结合，使得诗歌在情感表达和艺术表现上达到了较高的水平，同时也具有深刻的社会意义。

魏晋南北朝时期的不少文学作品中也有神话元素的体现，作家通过神话故事、神话意象、神话思维等方式，展现了对神界的向往和对自然的敬畏，同时也为作品增添了神秘色彩和艺术魅力。如曹植的《洛神赋》以神话为题材，将甄宓比作洛水女神宓妃，虚构了自己与洛神邂逅，彼此爱恋的故事。作者笔下的洛神形象美丽绝伦，人神之恋缥缈迷离，但最终由于人神道殊而不能结合，最后抒发了无限的悲伤怅惘之情。全赋辞采华美，描写细腻，表达了作者对美好爱情的向往，想象丰富，情思绻缱，若有寄托。《仙人篇》中通过丰富的想象，生动地描绘出了仙人的日常生活、升天的情景，构建了一个充满仙气的神话世界。现实世界的压抑束缚与幻想神话世界的美好自由形成了鲜明的对比，更加凸显出诗人对现实的不满和对理想生活的向往。陶渊明在《读〈山海经〉》诗作中，以独特的风格运用神话题材，展现了较高的艺术水平。他在"夸父诞宏志"中描述了夸父与太阳竞逐，最终力竭而死的神话故事。神力的奇妙以及其对河水的影响都在诗中得到生动描绘，而夸父的英勇事迹被寄托在邓林，体现了他的卓越功绩。"精卫衔微木"则描绘了精卫以微木填沧海的方式，表现了她坚韧不拔的意志。"刑天舞干戚"的描写则展现了他坚毅的志向、视死如归的决心。这些神话中的失败英雄表现出强烈的斗争精神，陶渊明通过利用这些神话元素，表达了自己对入世与出世的思考。

●东晋 顾恺之 洛神赋图(第一卷)

第六章 中国神话对文学的影响 ‖ 163

●宋 赵大亨 蓬莱仙会

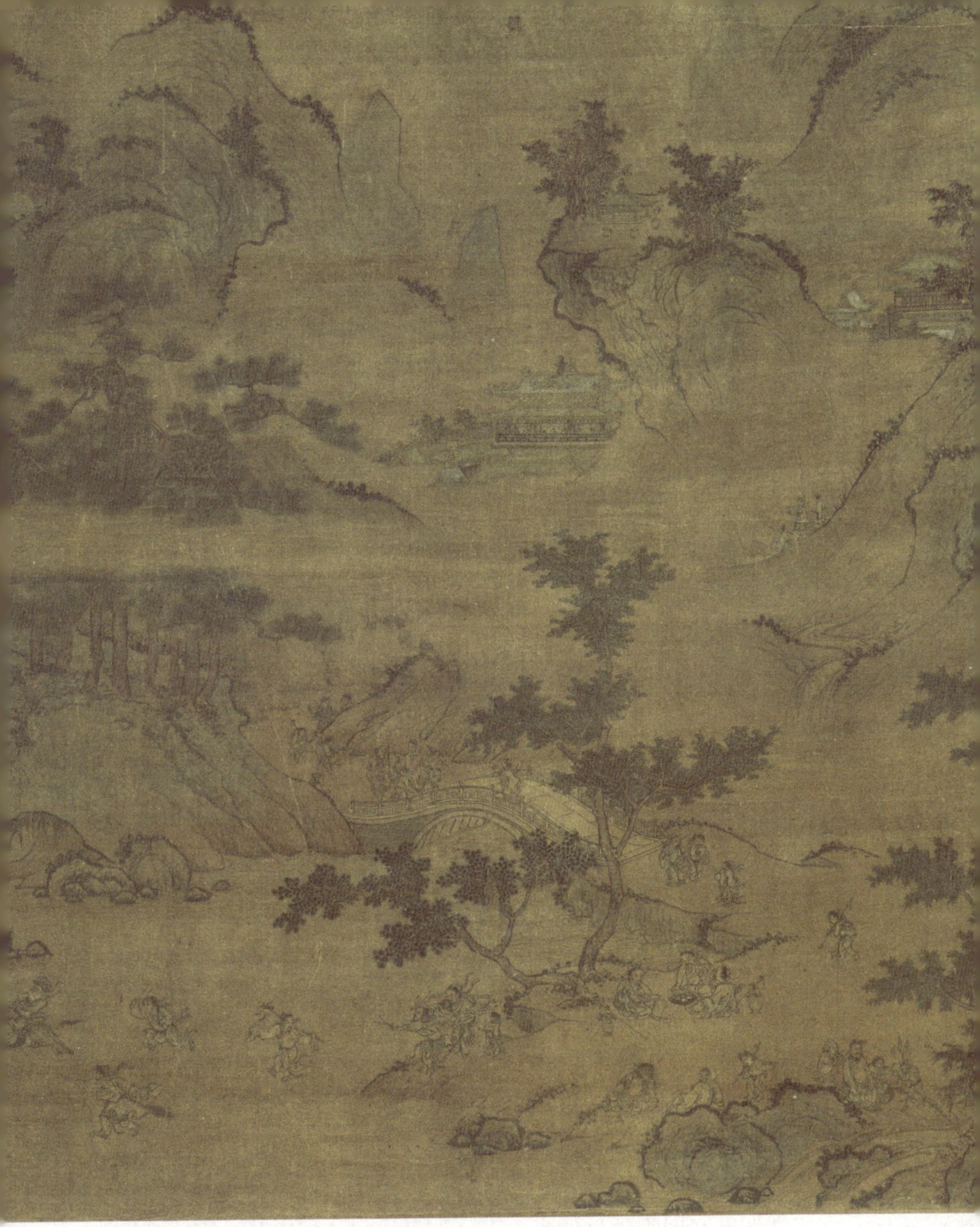

三、唐诗宋词中的神话元素

唐代诗歌在很大程度上受到神话的影响，神话题材的诗篇明显增多。许多诗人，如李白、卢仝、李贺和李商隐，都喜欢将神话融入自己的诗句，取得了十分突出的艺术成就。在李白的诗作中，神话典故几乎无处不见，如《大鹏赋》中的"烛龙衔光以照物""精卫殷勤于衔木"，《大猎赋》中的"夸父振策而奔走"，《古风五十九首》中的"蟾蜍薄太清，蚀此瑶台月"，《把酒问月》"白兔捣药秋复春，嫦娥孤栖与谁邻"等句。这些神话涉及的范围广泛，或用于抒情，或用于言志，充分展示了诗人的博大胸襟和才气，也体现了他对神话的喜爱和熟悉。在《梦游天姥吟留别》中，李白以瑰丽的想象，将神话与现实融为一体，创造出一个奇幻莫测的艺术境界。其中，"虎鼓瑟兮鸾回车，仙之人兮列如麻"一句，通过描绘猛虎鼓瑟、鸾鸟拉车的奇异景象，以及仙人列队如麻的盛大场面，将神话中的奇幻元素巧妙地融入诗中，使得整首诗充满了浪漫主义的色彩。在传统文化和神话中，虎作为力量和荒野的象征，常被赋予神秘和威严的特质，而瑟作为乐器，通常与美好、和谐联系在一起。将这二者结合形成"虎鼓瑟"的奇异景象，具有鲜明的神话色彩。鸾鸟是神话传说中凤凰一类的神鸟，其形象美丽而神秘，它的出现常与仙境或神话世界密切相关。在诗人笔下，"鸾回车"的景象使得整个场景仿佛置身于神话传说之中，充满奇幻与浪漫。"仙之人兮列如麻"的神话世界里，仙人们自由自在地生活，表达了诗人对神话世界的赞美和向往。

李商隐的诗歌构思新巧、风格奇幻迷离，擅长巧妙运用神话典故是李商隐诗歌艺术的一大特色。他善于从浩如烟海的神话传说中选取恰切的典故，通过精细加工和巧妙融合，使这些典故成为他表达情感、营造意境、深化主题的有力工具。李商隐在选取神话典故时，注重其与诗歌主题的契合度，善于从神话故事中提炼出与诗歌情感、意境相匹配的元素，以此来丰富诗歌的内涵。如《锦瑟》一诗中，"庄生晓梦迷蝴蝶，望帝春心托杜鹃"一句，借用了庄周梦蝶的典故，表达了对人生如梦、往事如烟的感慨。庄周梦见自己变成一只蝴蝶，飘飘荡荡，感到十分轻松惬意，完全忘记了自己原本是庄周。然而，当他醒来后，却感到惊惶不定，对自己还是庄周感到十分惊奇疑惑。李商隐通过这一典故，巧妙地将自己的感受与庄周的经历相联系，这种对人生如梦的感叹，深化了诗歌对时光流逝、往事如烟的哀思。望帝是传说中古代蜀国的国王，他死后化为杜鹃鸟，每到春天便啼叫不止，表达对故国的思念。李商隐借此典故，寄托了自己对逝去美好时光的怀念和追忆。锦瑟的五十弦，每一弦都仿佛在诉说着人生的悲欢离合，锦瑟的弦音，如同杜鹃的啼叫，凄美而动人，让人感受到诗人内心深处的哀伤和无奈。这种对逝去时光的追忆，进一步加深了诗歌对生命无常、爱情难守的感叹。李商隐在加工神话典故时，还注重其与诗歌语言的融合，善于将典故融入诗歌的叙述和描写中，使其与诗歌的整体风格相协调。如《无题·相见时难别亦难》一诗，他引用西王母传递音讯的信使——青鸟的典故，将恋人之间的相思之苦与自身的痛苦境遇相联系，使得诗歌的情感表达更加深沉、动人。此外，李商隐在融合神话典故时，还注重其象征意义的挖掘，来暗示诗歌中的深层含义。如《嫦娥》中，他借用了嫦娥奔月的典故。嫦娥为了追求长生不老而私自服用了仙药，飞升到月宫。李商隐以此来象征性地表达了自己对超凡脱俗、高洁品质的向往，暗示自己在现实生活中的孤独和无奈。

宋代的代表文学形式是宋词。神话对宋词的影响依然显著。

如秦观的《鹊桥仙》中描绘"纤云弄巧,飞星传恨,银汉迢迢暗度"以及陈亮的《水调歌头·送章德茂大卿使虏》中提及"尧之都,舜之壤,禹之封"等,可以看到神话的各种情节和意象。这些词作引用了牛郎织女和尧、舜、禹神话,手法各异,意象多种多样。

四、明清小说中的神话元素

明清两代小说达到了巅峰,不少作品都深受神话的滋养。以《西游记》和《红楼梦》两部作品为例。《西游记》中孙悟空的诞生情节是对神话的创造性吸收。石裂生卵,卵化石猴,完全是涂山氏化石生启和简狄吞卵生契两个神话的融合。孙悟空大闹天宫的行为也带有刑天舞干戚和共工头触不周之山的影子。在神话中,刑天和共工是两位不承认天帝神权的神灵,与之进行了一场高下之争。与刑天和共工相比,孙悟空的大闹天宫更为真实生动。《红楼梦》最初名为《石头记》,贾宝玉原本是女娲补天时所剩的一块五彩玉石,其灵性非同寻常。女娲的这块玉石如同一条线索,贯穿整个作品。

第二节 中国神话对文学叙事文体的影响

神话本身的表意性质使其对后世文学,尤其是叙事文学,具有不可替代的吸引力。后世文学在复杂的发展过程中常常受到神话的影响,神话在文化中扮演着至关重要的角色,神话蕴含着未来史诗、传奇、悲剧等文学形式的种子;而且神话正被各种创作天才用于史诗、传奇、悲剧等文学创作中,融入文明社会的自觉艺术中。[1] 从我国文学的发展史来看，神话在特定的历史背景下常常得到重生或再现。

一、神话对寓言的影响

寓言，作为民间传承的口头故事，与神话有着密切的关联，这种关系既体现在两者集体性和口头传承的共性上，也表现在寓言创作的形式与神话相近上。虽然寓言是在神话基础上创作的故事，但两者之间仍存在差异。神话起源于原始社会时期，而一些寓言则是在神话母题的基础上创作的更理性的故事。在早期人类思维中，神话通过神秘和涵盖性的功能来解释、包容和说明一切自然和社会现象。尤其是神话中对动植物及无生命事物赋予人格特征的塑造，本身就呈现出一种类似"寓言"的表现手法。随着氏族社会向奴隶社会的演变，寓言在神话基础上强化了对动物象征的使用。尽管寓言故事和文明时代的自觉创作的神话有着显著的差异，但寓言的意义中往往蕴含着原始母题的一些痕迹。总的来说，寓言在表现形式上与神话相似，具有一定的幻想情节，特别是那些与神祇相关的寓言，与神话母题往往有紧密的联系。

在深入探究中国古典神话对寓言的影响时，我们可以清晰地看到，神话以其独特的内容、形式和风格，在寓言创作中留下了深刻的印记。寓言作为一种特殊的文学形式，通过简短的故事来传达深刻的道理，而神话则为寓言提供了丰富的素材和灵感，使得寓言在创作过程中得以汲取神话的精髓，展现出独特的魅力。

首先，古典神话为寓言创作提供了丰富的题材和人物。许

---

[1] 马林诺夫斯基. 巫术科学宗教与神话 [M]. 李安宅, 译. 北京：中国民间文艺出版社，1986：125.

多寓言故事都直接取材于神话传说，通过对神话故事的改编和再创作，寓言得以在传承中发展，展现出新的生命力。同时，神话中的人物形象也为寓言提供了丰富的角色原型。这些人物或神或仙，或鬼或怪，都有着独特的性格和特征，使得寓言在塑造人物时能够借鉴神话的元素，创造出丰富多彩的角色形象。如嫦娥这一古典神话中的人物，在寓言中被塑造成一个具有象征意义的角色。她奔月的故事可以寓言性地表达出人们对于理想、追求和牺牲的深刻思考。姜子牙被塑造成一个象征着智慧和谋略的形象。他的垂钓行为寓言性地揭示了智者善于等待和把握时机，启示读者在面对复杂的问题时，要善于运用智慧和谋略，寻找最佳的解决方案。

　　其次，神话的叙事方式和表现手法对寓言产生了深远影响。神话往往采用奇幻的叙事手法，通过夸张、想象等方式来展现故事情节和人物形象。这种叙事方式在寓言中得到了广泛应用，使得寓言在形式上呈现出奇幻、幽默的特点。如寓言故事《井底之蛙》中，通过对井底和井外两个不同空间的描绘，展示了青蛙的局限性和短视，从而引导读者思考更广阔的世界和更深远的意义。同时，神话中的动物、植物、自然现象等常常被赋予特定的象征意义，用以表达深层的寓意或道德教训。寓言也继承了神话中的象征和隐喻手法，通过具体的事物或形象来暗示或表达某种抽象的概念或思想，使得寓言在表达上更加含蓄和深刻。如寓言中常常出现的狮子、狐狸等动物形象，往往象征着勇敢、狡猾等特质，寓言通过对这些形象的描绘，能够更加生动地传达故事的主旨。

　　最后，神话的浪漫主义风格在寓言创作中得到延续和发扬。神话的浪漫主义风格强调个人情感的抒发、想象力的发挥以及对自然和神秘事物的向往，这些特点在寓言作品中得到了充分的体现和发挥。寓言在表达主题时通过借助神话的浪漫元素，营造出一种梦幻般的氛围，增强故事的感染力和吸引力。古代神话中关于人类起源、自然力量等的主题，在寓言中得到了新的诠释，如通过描绘人与自然的和谐共生，来传达尊重自然、与自然和谐共生的深刻主题。神话中的英雄事迹、神秘力量等元素，为寓言的创作提供了广泛的素材。神话中的英雄人物往往具有坚定的信念和强烈的情感，他们的行为和言语都充满了个人情感的表达。如《愚公移山》中，愚公坚定的信念和不懈的努力，以及他与山神之间的对话和较量，都充满了个性化的情感表达，使得故事更加感人肺腑。

二、神话对民间故事和传说的影响

在中国古代，人们认为神话是过去历史上真实发生的事件，具有一定的可信度，同时认为神话中的情节是经验和规律性的体验，对于神话中存在的不合理之处则认为是神圣性质的根据。但是社会的不断发展，提高了人们对自然界和社会的认知，进而人们开始认识到神话中的"神圣"概念与现实存在之间存在巨大的张力。一些具有思考意识的人开始审视神话情节，对其中难以解释的情节进行改编，使其更具有合理性，然而这样的修改致使许多神话最终演变为故事。透过对神话和民间故事叙述情境的全面分析，我们很容易发现这两者之间仍存在许多相似的元素。在某些少数民族的文学作品中，英雄传说中的主人公所具备的神力，就充分彰显了神话的影响。如果扩大考察范围，还会发现，在不同社会集团中，同样的故事情节被赋予了不同的意义，有的将其归类为神话，有的则归类为民间故事。这说明，某个社会中的民间故事对于另一个社会来说可能是神话，反之亦然。神话与民间故事之间存在着互相转化的可能性。[1] 神话学家们积极探索神话与民间故事之间的广泛一致性。在特定情境下，我们认为民间故事可以被视为古代神话的演化形式。要全面理解民间故事，首先必须准确解释其源自神话的构成。这种看法随后被一些学者接纳，因此形成了将神话视为故事的来源的"神话学派"。

传说同样深受神话的明显影响。从外在形式上看，传说具有与神话相似的幻想色彩。从内容上说，一方面很多传说故事以神话为原型，另一方面许多传说故事也是神话历史化的结果，其中最具代表性的是三皇五帝的传说。就其本质来看，它具有神话的性质。

中国古典神话对于民间故事和传说的深远影响不仅体现在文化传承的连续性上，更在内容构成和叙事方式上留下了深刻的烙印。

首先，中国神话为民间故事和传说提供了源源不断的素材和灵感。许多民间故事和传说都直接脱胎于神话，或是以神话中的人物、事件为蓝本进行再创作。这种传承不仅让神话得以延续，更使得民间故事和传说具有了深厚的文化底蕴和历史积淀。例如，盘古开天辟地的故事在民间广为流传，人们以此为基础创作了许多与之相关的故事，这些故事不仅继承了神话的精髓，更在传承中不断发展，形成了独特的文化内涵。

其次，中国神话对民间故事和传说的内容构成方面有深远影响。神话中的人物形象、情节设置以及主题思想，都为民间故事和传说提供了丰富的参考和借鉴。神话中的英雄形象，如大禹治水、后羿射日等，都成了民间故事和传说中英雄人物的原型。这些英雄人物往往具有高尚的品德和强大的能力，他们

---

[1] 陈连山. 神话、传说和民间故事的结构关系 [J]. 民间文化, 1999（1）: 16-20.

为了人民的利益而英勇奋斗,成为民间故事和传说中不可或缺的元素。此外,神话中的天人合一、善恶有报、因果轮回等思想,也都在民间故事和传说中得到了充分的体现。

最后,中国神话对民间故事和传说的叙事方式影响同样深远。神话以其独特的叙事方式和表现手法,为民间故事和传说提供了宝贵的经验和启示。神话中的象征、隐喻、夸张等手法,都在民间故事和传说中得到了广泛的运用。这些手法不仅增强了故事的表现力和感染力,更使得故事具有了深刻的象征意义和哲理内涵。例如,在民间故事中,我们常常可以看到对神话元素的运用和改编,如通过夸张的手法来突出人物的特点,或是通过象征的手法来传达故事的深层含义。

三、神话对小说的影响

神话被誉为"小说之祖",这一结论早在先前就已经有学者得出。明代学者胡应麟认为,《山海经》是"古今语怪之祖",同时他将出现在神话和巫术氛围中的《汲冢琐语》[1]归属于"古今小说之祖"。神话母题蕴含着丰富的民间信仰和神祇崇拜,为山妖水怪、花精狐魅等小说形象的塑造提供了思路,在同时期宗教思潮的影响下催生了大量志怪奇书,甚至演化为神魔斗法的奇观。

神话到小说的发展伴随着神话母题的演变。在春秋战国时期,《山海经》对志怪和神魔小说产生了深刻的影响。西汉时期,刘歆校定《山海经》后,社会上兴起了一股志怪文学潮流。东方朔编写的《神异经》和《十洲记》在书名和结构方式上保留了《山海经》的痕迹。魏晋南北朝时期,郭璞为《山海经》作注,

---

[1]《汲冢琐语》:杂史体志怪小说,作者不详,成书大致在战国中期以前,有遗文20余则,较完整的只有15、16则;为"汲冢书"之一种,至南宋已亡佚。

志怪文学成为虚构叙事文学的重要流派。南朝梁任昉所著的《述异记》中记载,盘古是"天地万物之祖",展示了初民对天地创生、人类和种族起源的信仰,以及对古史神秘幻想的追溯。先秦时代的《穆天子传》吸纳了神话和民间信仰,不仅表现了夸父、河伯等"文化英雄",还对神话人物西王母进行了改造,这也被视为神话到小说的中间产物。这些迹象表明早期小说的产生与神话之间存在一定的联系。

明清两代是小说创作的巅峰时期,在深入剖析古典神话对明清两代小说创作的影响时,我们不难发现,中国古典神话不仅为明清小说提供了丰富的素材,更在主题构思、人物形象、情节安排以及文化内涵等多个方面产生了深远的影响。

从主题构思的角度看,古典神话为明清小说提供了广阔的想象空间。这些神话传说往往包含着丰富的哲理和人生智慧,使得小说作家能够从中汲取灵感,创作出既富有想象力又富含哲理的作品。例如,《西游记》便是在古典神话的基础上,构建了一个充满奇幻色彩的取经故事,通过孙悟空等人物的冒险经历,探讨了人性的善恶、社会的正邪等深刻主题。

从人物形象塑造来看,古典神话对明清小说的人物形象塑造产生了重要影响。古典神话中的人物往往具有超凡的能力和特殊的身份,为小说创作提供了丰富的人物原型。如中国古代神话中的四大神兽——青龙、白虎、朱雀、玄武,它们代表着不同的方位和力量,这种形象常常被明清小说引用和改编,用来丰富故事中的世界观和人物设定。明清小说作家在创作过程中,常常借鉴神话中的人物特点,塑造出一个个鲜活、立体的人物形象。如《封神演义》中的姜子牙、哪吒等人物,都是基于古典神话中的人物形象进行再创作的。

从情节发展来看,古典神话为明清小说的情节安排提供了灵感。神话故事通常以冲突和转折为核心，通过描述人物的奋斗和追求来展示故事的发展。神话的故事情节往往曲折离奇、扣人心弦，为小说作家提供了丰富的情节素材。小说作家在创作过程中，可以借鉴神话中的情节元素和结构，通过巧妙的安排和组合，构建出引人入胜的故事情节。明清小说中的英雄传奇往往借鉴了神话中英雄战胜困难、追求理想的故事情节，使得故事充满了动人心魄的张力。《聊斋志异》中的许多故事，都借鉴了古典神话中的奇幻元素，使得整个作品充满了神秘和浪漫的气息。

从文化内涵来看，古典神话对明清小说的内在品格产生了深远的影响。古典神话中的象征意义和隐喻手法也常被明清小说所借鉴，其中蕴含着丰富的民族精神和文化内涵，为小说作品注入了深厚的文化底蕴，使得作品在表达主题和情感时更加含蓄和深刻。明清小说作家在创作过程中，通过借鉴和运用神话元素，使得作品在表达个人情感、反映社会现实的同时，也传达了民族文化的精髓和价值观。

四、神话对叙事诗歌的影响

通常而言，诗歌作为文学的早期形式，在其发展过程中与神话结下了不解之缘。对于诗歌起源的解释有许多不同观点，古希腊的柏拉图将诗歌的诞生解释为神的灵感在诗人身上的凭附，而文艺复兴时期的薄伽丘认为诗歌是一种实践的艺术，起源于上帝的胸怀。18世纪的意大利哲学家维柯认为原始诗歌与原始宗教有关。一些经典文献如《吕氏春秋·古乐》《周易》《周礼》《汉书》等都揭示了诗歌乐舞与祭祀巫术以及神话之间的密切联系。神话中充满了古老而神秘的元素，这些元素往往是诗歌的灵感之源。

中国神话对叙事诗歌的深远影响不仅体现在诗歌创作的素材和灵感来源上,更在于其深刻地影响了诗歌的深层结构和审美特质。

首先,从结构上看,中国神话的叙事方式为叙事诗歌提供了丰富的借鉴。神话中的叙事往往具有连贯性、完整性和丰富性,这些特点在叙事诗歌中得到了充分的体现。叙事诗歌在讲述故事时,往往采用神话式的叙事结构,通过丰富的情节和细腻的人物刻画,展现出诗歌的叙事魅力。如诗仙李白在他的诗歌中融入了大量的神话元素,包括演绎神话故事和神游仙境、蕴含神话意境等,这些都构成了他的浪漫主义诗歌的独特魅力。

其次,从审美特质上看,中国神话的神秘性和象征性赋予了叙事诗歌独特的魅力。神话故事中包含的各种主题,如创世神话、仙侠传说、神仙与人间的互动等,在叙事诗歌中得以展现,使得诗歌内容更为丰富和多元。神话中的神祇、怪物、仙境等元素,以其独特的形象和寓意,为诗歌创作提供了广阔的想象空间。神话的奇幻情节和神秘色彩也为诗歌创作增添了独特的魅力。叙事诗歌在描绘这些元素时,往往融入诗人的主观情感和想象,使得诗歌充满了神秘和奇幻的色彩。如《诗经》中的《玄鸟》和《生民》以神话人物诞生的方式描述了商民族与周民族的诞生,而屈原的《离骚》和《天问》则借助神话典故和神话意象表达了他对社会的忧虑和对理想的追求,表达了深刻的思想和情感。

最后,中国神话对叙事诗歌的影响还体现在其主题和思想上。神话中往往蕴含着人类对自然、社会、人生等问题的深刻思考,这些思考在叙事诗歌中得到了进一步的深化和拓展。神话故事中天人合一的思想理念、神仙和人类之间的互动,体现了人类与自然、神灵之间的密切联系。这种思想在叙事诗歌中得到了体现,诗歌通过描绘人与自然、神灵的和谐共生,传达出对自然的敬畏和对生命的尊重。叙事诗歌通过讲述神话故事，表达诗人对生命、爱情、自由等主题的独特理解和追求。中国神话故事中往往有明确的善恶有别观念，正义与邪恶的斗争是其常见的主题之一，这也影响了叙事诗歌的主题和情节安排，诗人通过对善恶角色的刻画和情节安排，引发读者对道德问题的思考，从而激发出正义感和愤慨之情，传递出道德教育和人生哲理。这些影响也使得叙事诗歌在表达情感、描绘场景、讲述故事等方面更加生动、丰富和具有深度。许多诗歌都以史诗的形式呈现，而神话往往为这些史诗创作提供了奠基石。通过神话中的英雄传说、神祇冲突等，叙事诗歌发展成为能叙述更广阔、更宏伟的故事的形式。如藏族的《格萨尔王传》、柯尔克孜族的《玛纳斯》、蒙古族的《江格尔》中的情节都再现了古老神话母题。我国南方大多数民族史诗，如彝族的《勒俄特依》《阿细的先基》、布依族史诗《安王和祖王》等，其核心叙事发展直接传承了神话，甚至成为民族的神话史诗。

值得一提的是，随着时代的变迁和文学的发展，中国神话对叙事诗歌的影响也在不断地演变和深化。在不同的历史时期和文化背景下，叙事诗歌对神话元素的运用和解读也呈现出不同的特点和风格。这既体现了中国文学的多样性和丰富性，也展示了神话对文学发展的持久影响力。

总的来说，正是这种深刻的影响，使得中国叙事诗歌在文学史上占据了重要的地位，并为后世的文学创作提供了宝贵的借鉴和启示。

第三节　中国神话对文学艺术风格的影响

文学作品选用何种题材通常决定了其艺术风格。文学作品选择神话作为创作题材，或是作品中融入神话情节，都将对作品的艺术风格产生影响。

一、神话与浪漫主义

《庄子》写作风格奔放、语言形象生动，其中包含许多寓言，不乏作者原创，但也有许多源自古代神话。例如，《逍遥游》中的"藐姑射"神人即与《山海经·海内北经》所记载的"列姑射"神人相对应。《应帝王》中描述的混沌七窍即源自《山海经·西次三经》所述的"浑敦无面目是识歌舞"的帝江。此外，更多是对神话精神的传承。《逍遥游》中对鲲、鹏之大和鲲、鹏之变的描绘与神话极为相似。不难发现，《庄子》的浪漫主义内涵中蕴含着强烈的神话元素。

屈原和李白处于不同的历史时期，分别达到浪漫主义高峰，但二者有一个共同点，即都对神话情有独钟，深受远古神话的艺术滋养。在进行艺术创作时，他们经常使用神话来表达内心的奔放情感。卡西尔在《语言与神话》中指出，抒情诗不仅植根于神话动机，以之为其起源，而且在其最高级、最纯粹的产品中也与神话保持着联系。神话是浪漫主义诗歌的精神源泉。在《离骚》《天问》《九章》《招魂》《远游》等诗篇中，屈原巧妙地运用丰富的远古神话，通过奔放的幻想，抒发对当时楚国腐败政治的忧愤，表达了他的爱国主义情怀。在《九歌》中，神圣的东君（太阳神）和世俗化的山鬼相互交织，展现出纯洁的爱情和爱情悲剧，呈现出美轮美奂的感情场景。屈原作品的浪漫主义精神在很大程度上得益于他对神话的充分发挥。李白在神话基础上融入道教神仙意象，在《梁甫吟》中描绘的奇异景象，充分展现了他对神话的深度理解和创造性运用。这种离奇描绘具有令人惊叹的艺术魅力，将传统浪漫主义精神和表现手法推向新的高度。李白的诗句与屈原的浪漫主义精神一脉相承，在精神内涵和表达上有相通之处。他们都以神话元素为灵感来源，如屈原《离骚》中的"吾令帝阍开关兮，倚阊阖而望予"以及李白《梁甫吟》中的"我欲攀龙见明主"都采用了神话材料，表达出对时局的热切关注。由此可见，神话与浪漫主义的紧密结合成为塑造艺术风格的重要手法。

二、神话与中国文学艺术风格的形成

在创作题材上，中国神话为文学艺术提供了无尽的灵感源泉。古代神话中的神仙、妖魔、鬼怪等形象，以及他们所经历的奇幻冒险，成了后世文学创作的源泉。如"夸父逐日""女娲补天"等故事，不仅本身具有深厚的文化内涵，而且成了后世文学创作的重要素材。在文学发展历程中，这些神话被赋予了新的生命，成了文学作品中引人入胜的情节和角色，那些奇幻场景和神秘事件的描绘，极大丰富了文学艺术的内涵。

在表现手法上，神话中的神奇生物、神仙鬼怪等形象，以及它们所代表的道德观念和价值取向，为文学艺术创作提供了丰富的艺术形象和表现手法。例如，在诗歌创作中，诗人常常借助神话中的意象来象征和隐喻自己的情感和思想，使得诗歌更加含蓄而富有深度。在小说创作中，作家则通过借鉴神话的叙事方式和人物塑造手法，使得小说情节更加曲折离奇，人物形象更加鲜明生动。例如，《封神演义》中，众多神仙妖魔之间恩怨情仇、斗法较量的情节设置，不仅使得故事更加扣人心弦，也体现了神话对文学作品情节安排和叙事结构的影响。

在审美观念上，神话中强调的尊重自然、追求真理、天人合一等思想，不仅影响了文学作品的主题和思想，也影响了文学艺术的审美追求。在古代文学作品中，我们常常可以看到对自然景色的描绘和对人性的探讨，这些作品通过展现人与自然、人与社会的和谐关系，体现了鲜明的审美倾向，如对于英勇、智慧、善良等品质的赞美，以及对于邪恶、愚蠢等行为的批判。

三、现代文学在神话审美中的创新与发展

现代文学在继承神话审美观念的基础上，带来了一系列创新，不仅丰富了现代文学的内涵，也推动了文学艺术的发展。首先，现代文学更加强调对个体经验和情感的表达。传统的神话审美观念往往侧重于对集体意识和民族精神的反映，而现代文学则更加注重对个体生命体验和心理情感的深入挖掘。现代作家通过借鉴神话的象征手法和隐喻方式，将个体的内心世界和情感体验以更加细腻和深刻的方式呈现出来，使得作品更具个性和情感共鸣力。其次，现代文学更加关注对现实社会的批判和反思。神话往往承载着人们对于理想世界的向往和追求，而现代文学则更加注重对现实世界的审视和反思。现代作家通过借鉴神话的奇幻元素和叙事方式，将现实社会的种种问题和矛盾以更加直观和深刻的方式展现出来，引发读者对于社会现实的思考和反思。最后，现代文学更加注重对跨文化和多元文化的探索和融合。随着全球化的进程加速，不同文化之间的交流和融合成为文学艺术发展的重要趋势。现代作家在借鉴神话元素的同时，也注重对艺术形式和表现手法的探索和实验，注重将其他文化元素融入作品中，通过跨文化的视角和手法来展现文学艺术的多元性和包容性。

第七章

中国神话研究

第一节　近现代的神话研究

神话学作为一门独立学科，从正式形成到发展起来，虽然历史相对较短，却汇聚了一群智慧而有成就的学者。这群学者如同中国神话的解码者，带领我们逐一揭开中国神话的层层面纱，让我们得以更全面地理解、欣赏神话，并思考这些神话如何在我们的日常生活中产生深远的影响。

一、鲁迅[1]

1. 神话的起源、保存及流传

鲁迅指出，我国的神话文献保存数量有限，而且分散在古籍中，其中《山海经》是内容最为丰富的一部作品。《山海经》传世本共十八卷，记述了海内外的山川、神祇、异兽等，以及祭祀所需的相关内容。古代的历史书籍和诗歌中，包含了一些

---

[1] 鲁迅（1881—1936）：原名周樟寿，后改名周树人，字豫山，后改字豫才，浙江绍兴人。中国著名文学家、思想家、革命家、教育家，新文化运动的重要参与者，中国现代文学的奠基人之一。代表作品有《呐喊》《彷徨》《朝花夕拾》《中国小说史略》等。

上古的神话和传说，比如《燕丹子》《蜀王本纪》《吴越春秋》《越绝书》等，虽然它们以历史事实为基础，但也夹杂了一些神秘传闻。在古代的诗歌中，尤其是屈原的作品，如《天问》中，常见到神话和传说的描绘。同时，一些古代的绘画和雕刻作品中也反映了许多上古神话的内容。鲁迅在《中国小说的历史的变迁》中指出："总之中国古代神话材料很少，所有者只是些片段的，没有长篇，且似乎也并非后来散亡，是本来少有。"[1] 总的来说，中国古代的神话本来就很稀少，只有一些零星的片段，没有完整的长篇故事。

鲁迅在《中国小说史略》里对中国古代神话的稀缺和消失做了详细的解释。总结起来可以归纳为以下四个方面的原因：首先，中华民族在其长期的地理和自然环境中形成了注重实际而不太追求幻想的思维方式。其次，儒家思想深刻影响了先秦文人，使他们更关注政治而非神话。再次，长期的原始信仰和宗教思想导致神话中的人神界限模糊。最后，虽然文人保留了一些神话，但改编使这些故事失去了其原始特质。[2] 古代小说多为文人伪作，逐渐传承下来，同时统治者可能对神话进行篡改，赋予其政治色彩，导致神话的演变和失真。

2. 神话与文学

鲁迅非常清晰地阐述了神话对文学的重要影响，指出："神话大抵以一'神格'为中枢，又推演为叙说，而于所叙说之神，之事，又从而信仰敬畏之，于是歌颂其威灵，致美于坛庙，久而愈进，文物遂繁。故神话不特为宗教之萌芽，美术所由起，且实为文章之渊源。惟神话虽生文章，而诗人则为神话之仇敌，盖当歌颂记叙之际，每不免有所粉饰，失其本来，是以神话虽

---

[1] 鲁迅. 鲁迅全集（卷九）[M]. 北京：人民文学出版社，1981.
[2] 丁锡才. 鲁迅的神话观 [J]. 枣庄学院学报，2010，27（1）：47-52.

托诗歌以光大,以存留,然亦因之而改易,而销歇也。"[1]鲁迅在这一探讨中还指出神话与文学存在某种差异,即神话虽是文学的源头,却因为文学擅长"粉饰"而逐渐被"改变"和"消失"。同时,鲁迅认为神话是文学的源头,这一事实也是世界范围内普遍存在的现象。以欧洲和西方艺术文化为例,多亏了神话的启发,才有了如此丰富、精妙的思想文化和艺术表达,不可胜数。如果想要深入了解西方文明,解读这是首要之事,因为没有对神话的了解,就无法理解其中的艺术文化,对于内在的文明又将一无所获。[2]鲁迅深刻地认识到:"古代神话作为素材,遍布在中国古典文学的每一个角落,它经文学家的发掘、改造,在新的作品中重新散发出光芒,使文学作品具有独特的艺术魅力。"[3]

3. 用神话素材进行再创作

鲁迅在《故事新编》中展现的神话观念是不断发展并具有独特个性的。首先,他对神话的象征意义进行了继承和发展。文学中的象征手法最初源自民间。尽管原始初民在神话产生初期不太可能有意识地运用象征手法,但随着社会的演变,神话的象征意义变得越来越显著。女娲作为创世女神,也象征着人类祖先在与自然斗争中所展现的气魄、智慧和能力。一些神话发展成寓言后,它们的象征意义变得更加显著。在革命年代,鲁迅为了更好地进行斗争,他的小说和散文中有许多作品采用象征手法。其次,他试图将古代神话运用到当代,借用神话来表达革命情感,甚至将神话用作斗争的武器。在创作《理水》时,

---

[1] 鲁迅. 鲁迅全集(卷九)[M]. 北京:人民文学出版社,2005:19.
[2] 鲁迅. 鲁迅全集(卷八)[M]. 北京:人民文学出版社,2005:32.
[3] 袁行霈. 中国文学史(第二版)(第1卷)[M]. 北京:高等教育出版社,2005:46.

他已经自觉地以无产阶级世界观审视古代题材。通过对比古今、正反两方面的对立,他成功将身处不同时代且性质截然不同的人物融合在同一篇作品中,达到了对立统一的效果,实现了作品的完整性与形式的和谐性。这样既保留了古人的基本形象,又具有强烈的时代精神,是前所未有的大胆创作。

二、茅盾[1]

茅盾专注研究的是古典神话,准确来说,是文献中记载的古典神话,而对于仍然在民众记忆中活跃的神话影响却未予关注。茅盾的《中国神话研究ABC》和《中国神话研究初探》试图运用安德鲁·兰(Andrew Lang)的"遗留物说"对中国神话进行文本分析。

1. 神话的性质和内容

茅盾认为,"神话是各民族在上古时代(或原始时代)的生活和思想的产物",中国神话是"中华民族的原始信仰与生活状况的反映"。[2] 然而,"中国神话历来没有荟萃之作,只散见于各种典籍中。同时,这种散见不仅数量庞杂,难以穷尽,而且历经时代久远及变迁再加之各方诸多增饰,原初的神话可能早已面目全非。所以,茅盾就对中国神话进行了一番辨伪、钩沉、整理和系统化工作"[3]。

---

[1] 茅盾(1896—1981):出生于浙江省桐乡县乌镇,原名沈德鸿,字雁冰,笔名茅盾、郎损、玄珠、方璧、止敬、蒲牢、微明、沈仲方、沈明甫等。中国现代作家、小说家、文学评论家、文化活动家、社会活动家,中国科学院学部委员。代表作有《子夜》《林家铺子》《蚀》《虹》等。

[2] 茅盾. 中国神话研究ABC [A]. 茅盾全集(第28卷). [C] 北京:人民文学出版社, 1984.

[3] 张中. 茅盾和他的神话研究 [J]. 西北民族大学学报(哲学社会科学版), 2009(6):156-160.

茅盾在研究中国神话时，借鉴了欧洲人类学派的神话理论，提出了研究中国神话的"三层手续"（即三项原则）：首先，需要将原始神话与神仙故事区分开来；其次，必须分辨外来神话；最后，必须区分受到佛教影响的神话。基于这些原则，茅盾认为中国神话资料可归为六类，即天地开辟的神话、自然现象神话、讲述万物来源的神话、记录神或民族英雄成功的神话、描述幽冥世界的神话、讲述人物变形的神话，茅盾的这种整理和辨析，以及基于人类学派的分析方法，给中国现代神话学的发展带来了深远的影响。

2. 中国神话再造

茅盾在中国神话为何仅存零星的问题上同意鲁迅的观点。在探索中国神话重构的过程中，茅盾提出了系统的方法和观点，其核心在于建立一个正确的神话研究观。他强调从中国古籍中搜集神话资料是理解和重构中国神话的第一步。他认为，尽管较为古老的资料通常被视为更为可靠，但同时也不应忽视后世文人的书籍记载，认为这些资料同样具有重要的研究价值。此外，茅盾特别指出，中国古籍中存在许多被道家和仙家思想影响的"变质神话"或"次神话"。这些神话虽然在形式和内容上可能已经经历了变化，但仍是研究中国古代文化和神话发展的重要资源。因此，他提倡在搜集和研究神话的过程中，应先还原神话的"原形"，再深入分析秦汉以后神话在各个历史时期的文学，尤其是现代民间文学中的演变过程。

茅盾的这些见解和方法在当时具有一定的前瞻性和启发性，尽管后来的民俗学者和神话研究学者可能对他的一些观点提出批评，认为他的方法有时显得过于简单甚至武断。然而，茅盾从事神话研究的初衷是启发民众的智慧，寻找救国的灵感，并从中汲取历史经验与真理。他的研究是在特定的历史背景和时代条件下进行的，这些背景和条件无疑影响了他的观点形成和论述方式。

在当代，我们审视茅盾的神话研究观点时，应当在理解其时代背景的基础上，以更加开放和理性的态度进行分析和评价。这不仅有助于我们更全面地理解茅盾的学术贡献，也能促进对中国古代神话研究方法的进一步发展和完善。通过这样的历史研究和学术对话，我们能够更深入地挖掘和传承中国丰富的神话文化遗产。

三、闻一多

假若说茅盾的神话研究主要体现为开创性贡献，那么闻一多的神话研究则以富有成果的形式成为深刻的再塑之举。闻一多在对神话的基本理解和研究方法的运用方面都树立了楷模。特别是他强调的浓厚历史感和对现实责任的承担，使他的研究更具有比较中外的视野、开明的态度和以人民为本的特质。

1. 神话理论研究

在讲授中国文学史的课程时，闻一多以神话为起点深入探讨中国文化和文学的起源。他将神话视为文学叙述的"根苗"，强调通过研究神话传说可以探索到中国文化的深层根源。他认为，神话不仅是古代人类情感和经验的记录，更是心理、文化和艺术表现的原始形式，反映了古代社会的思维模式和生活方式。闻一多身为诗人和学者，受到了西方文化的深刻影响，尤其是在比较文学和文化交流方面。他认为，神话在文学创作中的角色极为重要，它是最初的"情感"和文化的表达形式。这些叙述不仅反映了当时先民的心境和宇宙观，也为后世的文学创作提供了丰富的灵感源泉。他强调，无论是史诗、传奇还是悲剧，其根基往往植根于这些神话故事中所蕴含的基本元素。

同时，通过对多国远古神话的考察，闻一多认为神话不仅仅是文化力量，更是人类发展过程中一种必然经历的思维方式。"他指出历史上存在着三个主要的思想体系：生气的（神话的）、宗教的、科学的，而其中神话体系可能是最具有整体性和能够包容万象、解释宇宙的。"[1] 人类创造神话这一思想体系并非仅仅出于求知欲，而更是基于对宇宙实际支配的需求，即对人类、动物以及一切物体和精灵的控制权。闻一多在借鉴西方文化人类学基本观点的基础上，强调理解神话的产生、发展以及其各种功能和意义应从历史发展的角度出发。再将西方各民族的神话认识应用到中国神话研究，虽然中国缺乏系统的神话著作，但他坚信古代中国必然具有神话传统，因为它不仅是当时人们情感的表达，也是思想的自然阶段。因此，闻一多将对中国神话及其研究的认知提升到了更高、更深的层面，这奠定了他对神话理论的确切和深刻的理解。

在进行神话研究之前，闻一多在先秦文献方面做了大量的功课，包括《周易》《诗经》《庄子》《楚辞》等。从目前可见的闻一多的神话研究著作中，可以明显看出他在神话研究方面受益于《诗经》和《楚辞》颇多。[2] 在开明版《闻一多全集》中，他的一些关于《诗经》和《楚辞》的研究论文与神话研究论文被合并成一集，总计21篇，命名为《神话与诗》。闻一多神话研究的代表作《伏羲考》，全面展示了闻一多神话研究方法的多样性和对理论运用的纯熟程度。这篇文章对后来的神话研究有着重要的启发作用。一些研究者甚至认为：《伏羲考》是闻一多神话研究的一篇重要论文，体现了他卓越的学术成就，奠定了

---

[1] 王瑶. 中国文学研究现代化进程[M]. 北京：北京大学出版社，1998.
[2] 汪楠. 闻一多与中国古代神话学研究[J]. 古籍整理研究学刊，2017（6）：67-70.

他在神话学史上的崇高地位。该文的学术成就不仅在于解决了诸如龙图腾的意义等几个重大学术问题,更重要的是在学术方法上具有开拓性的贡献。[1] 这样的评价尤为中肯。因此,在探讨闻一多神话研究的特点和方法时,以《伏羲考》作为参考就显得非常必要。

2. 研究特点

闻一多在《伏羲考》中对神话的研究主要体现出以下几个特点:首先,他广泛引用文献,包括了66部古籍,以及大量近现代著作,如王国维的作品等。其次,他充分利用了出土文献和田野考察资料,为神话研究提供了考古学和民族志的视角,例如石像、绢画以及各种金文、卜辞等。再次,他高度重视田野考察所获得的民族志材料。在《伏羲考》中就充分利用了相关资料。最后,他结合了联想与考证,吸收了新理论、方法和材料,开创了神话研究的新领域。他赋予了神话研究新的视角,形成了充满诗意的想象,得出了具有文化隐喻的结论。

3. "二重证据法"和多学科交叉的方法

闻一多强调"二重证据法"和多学科方法的交叉运用。他在运用文字音韵学方法进行研究时,广泛引用了语音材料,涉及《周易》《经典释文》《说文解字》《广韵》等多部典籍,并对不同典籍中的书写方式和发音进行了比较。通过这些研究,他得出了一个结论:伏羲的另一种写法"包戏"实际上就是匏瓠,即葫芦;而女娲,又称苞娲,发音可能为"匏瓜"。除运用古籍文献资料外,闻一多还广泛引用了当代考古、文化人类学、民间风俗方面的多种资料,并结合了训诂考据等中国传统方法,

---

[1] 龙文玲. 闻一多《伏羲考》与中国神话学研究的转型[J]. 民族艺术,2004(4): 28-33.

分析了具体的神。[1]在《伏羲考》一书中，闻一多采取了一种创新的研究方法，广泛搜集并引用了南方少数民族的口头文学资料。他通过细致的比较和分析，对"伏羲和女娲"的神话起源进行了深入的探讨，提出了关于这两个神话人物关系演变的新见解。在他的研究中，伏羲和女娲的关系最初被描述为兄弟，然后逐渐转变为兄妹关系，最终演化成夫妻，这一变化反映了古代神话传说的流变和文化的多样性。该书的结构也体现了闻一多神话研究的全面和系统性。第一、三、四、五部分专注于伏羲和女娲神话与"洪水后兄妹成配再殖人类"的神话故事的复原与分析。而第二部分则涵盖了更为广泛的神话元素，包括人首蛇身的神、二龙传说、图腾的演变以及龙图腾在古代社会中的显赫地位等议题，展示了闻一多神话研究的深度和广度。

闻一多的研究方法涵盖了人类学、民俗学、历史学等多个学科，他不仅仅满足对于文献资料的分析，更注重实地考察和口头传承的记录，力求从多角度还原神话的原貌并揭示其背后的文化意涵。这种跨学科的研究方式，使得他的工作在当时具有显著的学术创新性，为中国神话学研究领域注入了新的活力，也为后来的学者提供了新的研究路径和视角。他在材料搜集、主要研究方法以及对于研究中的社会责任感和使命感的关注方面，都展现了一位典型中国学者的胸怀。这种学术风格一直激励着后来的学者，并在当今仍然熠熠生辉，散发着智慧的光芒。

---

[1] 储冬爱. 茅盾、闻一多神话研究的比较 [J]. 广西民族研究，2004（4）：35-38.

四、顾颉刚[1]

1. "层累说"方法论

顾颉刚于20世纪20年代提出"层累说",当时正值新文化运动时期,学术界自由开放的思潮盛行。他在胡适、钱玄同等人的支持和引导下,对旧的古史系统提出了质疑,并开创性地提出了"层累地造成的中国古史"观。这一理论的核心在于揭示古史在流传过程中发生的变迁和累加现象,不仅是一种历史观点,也是一种方法论。这一理念主张通过分析古史传说的演变,来探索中国历史的发展层次和社会变迁。首先,古史在流传过程中有不断被丰富和延长的趋势。其次,古史传说中的中心人物在流传过程中会逐渐被放大和神化。例如,舜在孔子时代只是一个"无为而治"的圣君形象,但到了《尧典》等文献中,他就被塑造成了一个"家齐而后国治"的圣人形象。同样的,尧的形象也在不同时代被赋予了更多的美德和事迹。再次,顾颉刚提醒人们怀疑传统古史的真实性。他认为许多古史记载都是后人根据传说和想象编造的,并非真实的历史事件。顾颉刚的"层累"理论突出强调了历史与神话之间的动态关系。他认为,随着时间的推移,人们对于古史的了解逐渐增多,但这些了解往往缺乏确凿的文献支持,因此传说中的内容也会随之增多。利用这种分析方式,顾颉刚不仅通过神话传说来审视历史事实,而且逆向使用历史的演变来解析神话传说,为我们提供了一个理解和分析中国古代史和文化的新途径。具体来说,"层

---

[1] 顾颉刚(1893—1980):原名诵坤,字铭坚,号颉刚;小名双庆,笔名余毅等,江苏苏州人。中国现代著名历史学家、民俗学家,古史辨学派创始人,现代历史地理学和民俗学的开拓者、奠基人。代表作有《古史辨》《汉代学术史略》《两汉州制考》《郑樵传》等。

累说"采用的方法论具体步骤包括：首先，按先后次序排列每一件史事的各种传说；其次，研究这件史事在每个时代的传说；再次，研究这件史事的演进过程，由简单到复杂，由陋野到雅驯，由局部到全国，由神到人，由神话到史事，由寓言到事实；最后，解释每次演变的原因。他运用"层累说"研究方法为古史和神话研究开辟了新途径，取得了显著成果。然而，该方法亦存在不足之处，古籍记载的材料可能已发生变化，且古籍中"先后出现的次序"难以明确，存在真伪问题。

2. 神话历史化的认识

顾颉刚通过丰富的例证充分确认了神话的历史化，同时指出这一现象并非个例，而是普遍存在的。他详细考证了不仅是大禹的历史被神话化，其他传说中的古代帝王原本也具备神性，同样经历了由神化到人化的演变过程。为证明这种普遍性，他特别关注了后、帝、皇等字从用以称神到用以称人（人君）的变化过程。这一过程正是帝王神话历史化的概括反映。[1] 除了帝王神话的历史化外，顾颉刚还特别关注了非帝王神话和动物神话。他指出在《山海经》中有明确记载，离朱最初被描绘为赤头鸟，但在《孟子·离娄》中却被描述成明目之人。类似地，羲和在《山海经》中是太阳的母亲，在《尚书·尧典》中却变成了占侯之官。这些例子都展示了神话历史化的普遍性和深刻性，帮助我们更好地理解中国神话的演进。

顾颉刚的研究揭示了神话历史化的普遍现象，从神话中的帝王到精怪动物，许多有关观点是他首次提出的，这有助于我们更深刻地理解中国神话的历史演变。

---

[1] 顾颉刚，杨向奎. 三皇考 [M]. 太原：山西人民出版社，2014.

3. 奠定构建中国神话的基础

20世纪初,学者普遍认为中国神话数量有限,神话学研究长期停滞。顾颉刚敏锐发现问题,进行了大量基础性工作。他通过资料从与上帝、超人、野兽的关系角度论证,恢复了神祇的本来面貌,将神性还给神明,极大丰富了中国神话内容。此外,中国神话人物关系混乱,《山海经》中的记载存在矛盾。顾颉刚认为,神话传说永远在变化和发展中。他的论断不仅解决问题,还揭示了材料来源和成书过程,对以动态眼光看神话具有启发意义。《山海经》记录山河位置,但充满矛盾,顾颉刚建议对《山海经》不能以今天的科学知识评判,也不能从中寻找科学的地理知识。同时他根据《山海经》的简单线索,广泛查阅古籍对其进行补救,恢复了一些神话的原型和真貌。他的研究对后人阅读具有指导作用,提高了神话研究的科学性。

五、袁珂[1]

袁珂先生作为中国神话研究的杰出学者,在中华人民共和国成立后一直到20世纪70年代末的这段时期里,几乎独自奋斗在神话学领域,确保神话研究不息,为中国神话学的发展做出了卓越的贡献。同时,他也为80年代神话学的全面恢复和繁荣奠定了坚实的基础。他的《山海经校注》第一次专从神话的角度对《山海经》全书给予系统解释。校勘精当,注释翔实,征引详博,探微释疑自成一家。《中国神话传说词典》和《中国神话大词典》的编辑和出版是一个巨大的工程,是他毕生从事神话研究的集大成之作,直接体现着他的学术思想。

---

[1] 袁珂(1916—2001):作家、神话学家,四川新都(今成都市新都区)人。著有《中国古代神话》《中国神话传说》《古神话选释》《神话论文集》《袁珂神话论集》《神话故事新编》等。

1. 系统整编中国神话

在深入研究的基础上，以历史为线索，以材料为依据，精心"连缀"与"熔铸"，将古神话系统化。袁珂在开始研究神话时，决定将零散的古代神话整编。1950年上海商务印书馆出版的《中国古代神话》简本，第一次勾勒出了中国神话的大致轮廓。对于这本书的创作过程，袁珂在1956年版的序言中提到："在我童年和青年时代，一直就很喜欢童话、神话、传说……这类人民的口头文艺创作，以后涉猎到了古书里的一些神话资料，一方面惊讶其丰美，同时又不能不惋惜其零碎，因此终于不顾自己学识能力的浅薄，竟把它们缀集起来，写成一部比较有系统的完整的东西。"[1]

在该书中，袁珂采用了"夹叙夹议"的方式，将大量神话资料，甚至一些仙话和传说资料，编排在一起。[2]他以文学笔触叙述和描绘了天地的开辟、诸神与人类的诞生、人与自然的斗争、人神之间的矛盾、诸神之战、物种的起源、远国异人的奇闻、英雄的业绩以及先秦历史人物的传说等。袁珂认为：由于中国神话零碎的特点，还在初步整理阶段，如果不采用夹叙夹议体裁，很多东西可能就难以整合。使用这种体裁，反而感觉更为严谨，同时也更为方便灵活，因此选择了这种方式。[3]在这本书中，袁珂不仅用文学笔触系统描述中国上古神话，而且每一章节后都有详细的注释和引文。对于神话研究者来说，这不仅有助于吸取丰富的神话知识，还能通过注释和引文了解记载中国神话的许多原始书籍。袁珂的成就充分证明了文艺学和神话学研究可以突破文学与神话之间的界限，这与鲁迅使用神话素

---

[1] 袁珂. 中国古代神话[M]. 北京：华夏出版社，2006：1.

[2] 汪楠. 早期神话学研究的回顾与思考[J]. 文艺评论，2011（2）：35-39.

[3] 袁珂. 中国古代神话[M]. 北京：华夏出版社，2006：3.

材进行再创作有异曲同工之妙。后来,该书经过几次增补和修订,更名为《中国神话传说》再次出版。这部作品使中国神话能够与希腊、罗马神话等媲美,打破了认为中国神话贫乏的观念。

2. 广义神话论

袁珂在学习毛泽东同志《矛盾论》中论及神话的一段文字时,受到了启发。毛泽东同志将《西游记》中的孙悟空七十二变和《聊斋志异》中的狐鬼变人等列为神话范畴并进行了考察。[1] 基于此,袁珂提倡研究中国神话应从中国实际情况出发,扩大神话研究视野,使其走向广阔的天地,以得出更符合实际的正确理解,特别是提出广义神话论,指出不仅原始社会有神话,神话也贯穿于阶级社会的各个历史阶段,并主张将传说、民间故事等带有神话色彩的元素纳入神话体系进行考察。袁珂将广义的神话分为八个部分,包括了古典派学者所认同的狭义神话和活物论时期的神话等。此外,还有历史人物的神话、仙话、佛经人物的神话、地方风物的神话、民间流传的神话和神话小说等,也应被视为神话体系的一部分。

袁珂的广义神话论为中国神话研究提供了一种全新的视角和方法论。他通过深入挖掘神话在不同历史时期和社会层面的表现,将广义神话体系构建得更加完整和开放。袁先生的学术探索不仅扩展了神话研究的范围,还为理解和解读中国神话注入了新的思想火花。他的贡献不仅体现在对传统神话的整编与传播,更在于对神话概念的拓展与重新定义,为中国神话学的繁荣发展留下了深远的影响。

---

[1] 陈金文. 论袁珂的广义神话论 [J]. 河池学院学报,2020,40(6):30-33.

六、叶舒宪[1]

叶舒宪作为新一代神话学家的代表，他的神话研究深受剑桥人类学派、荣格的分析心理学、恩斯特·卡西尔的象征学等多方面理论的影响，其思想和视野也更为宽广。他的神话研究成果主要体现在"四重证据法"、玉石研究以及"原型编码"等方面。

1."四重证据法"

20世纪上半叶见证了文学人类学跨学科模式的初步形成，而随着21世纪的到来，中国文学人类学面对着学科理论建构的重要挑战。叶舒宪明确表示：现在大家面临新学科建构的任务，需要建立自己的理论体系。[2] 这一理论框架必须以坚实的学理作为基础，从而有效解释相对复杂的研究对象，同时还应具备开拓前人未曾涉足领域的独创性，为确保广泛传播，还应具有于学习、推广和应用上的特性。叶舒宪提出了"四重证据法"和"大小传统"的概念，试图构建中国文学人类学的学科理论框架。所谓"四重证据"是指，传世文献、地下出土的文字材料、民俗学或民族学所提供的相关参照资料以及考古发掘出的或者传世的远古实物及图像。[3]

将考古学、民族学、民俗学和比较神话学这四种证据结合起来进行研究，有助于克服在神话学乃至古代历史研究中，单纯依赖语言文字研究所面临的诸多局限性。通过借助文化人类

---

[1] 叶舒宪：1954年9月20日生于北京，上海交通大学首批人文社科资深教授、中国比较文学学会理事长，代表作有《文学与人类学》《中国神话哲学》等。

[2] 叶舒宪．文化文本的构成：从"表述"到"编码"[M].// 叶舒宪．文化符号学——大小传统新视野．西安：陕西师范大学出版社，2013．

[3] 杨利慧．21世纪以来代表性神话学家研究评述[J]．长江大学学报（社科版），2014，37（6）：1-7.

学的广阔视野和跨学科的知识体系,研究者可以获得更为丰富和多角度的参考材料,从而对传世古文献中所存在的误解和难题进行重新审视和深入分析。有学者认为,"四重证据法"是中国神话学在 21 世纪初所取得的一项重要学术成果,它不仅为神话研究提供了新的方法论,而且在未来神话学研究的发展过程中,这一方法将发挥极其重要的作用。

2. 玉石研究

叶舒宪的玉石神话研究肇始于"四重证据法"的使用,他提出了"玉石神话"的概念:"华夏神话之根的主线是玉石神话及由此而形成的玉教信仰。从神话学视野看东亚地区的玉器起源,可以发现每一种主要的玉器形式(如玉玦、玉璜)的发生,背后都有一种相应的神话观念在驱动。"[1] 他认为,在早期政权和神权体系中,玉石具有强烈的象征意义,是神权和政权的象征,玉石神话具有反映宗教和政治的功能。玉石在文明中扮演了点缀物的角色,常常出现在装饰、宝物和墓葬中,充分理解玉石神话观对于掌握当时的宗教意识形态和神权政治体制至关重要。值得注意的是,叶舒宪的玉石神话理论实际上是对神话图像功能性的普遍性探讨,神话图像的真正承载体,是以玉石为代表的神话图像。叶舒宪的玉石神话研究为神话学带来了新的研究范式和思路,丰富了人类学派对神话功能的研究。

3. "原型编码"

20 世纪 90 年代以来,叶舒宪对神话原型研究领域做出了显著贡献。他不仅深入探讨了神话中的原型元素,还创新性地提出了原型编码理论,这一理论的提出标志着研究方向从单纯的阐释转向更为系统的重构与创新。叶舒宪通过广泛的研究和

---

[1] 叶舒宪. 西玉东输与华夏文明的形成 [N]. 光明日报,2013-07-25(11).

深入的思考,从文学意象和象征形式中获取了原型内涵的启示,并在此基础上提出了原型图像学这一跨学科的图像阐释理论。原型图像学不仅涵盖了文学、艺术、心理学等多个领域,还试图通过对图像的解读来揭示人类文化和心理的深层结构。叶舒宪的这一理论为神话原型研究提供了新的视角和方法,极大地推动了该领域的学术发展。他详细阐述了图像学研究中两种重要的比较方法:横向比较和纵向比较。横向比较主要关注的是不同文化背景下的图像之间的对比。这种方法的目的是通过比较,揭示出不同文化之间的相似之处或差异之处,从而达到一种跨文化的理解和认知。通过这种比较,研究者能够更清晰地把握和识别不同文化中艺术形象的特色和共性,进而实现一种"打通"不同文化隔阂的效果。纵向比较则关注的是某一特定原型图像与其后代各种变形图像之间的关系。这种方法侧重于分析原型图像在不同历史时期、不同地域或不同艺术家手中所经历的变化和演变过程。通过纵向比较,研究者能够追溯图像的起源和发展脉络,理解图像在不同文化语境中的传承和创新。这种比较不仅有助于揭示图像的内在含义,还能帮助我们更好地理解图像在不同文化中的传播和影响。两种比较方法各有侧重点,都旨在深化对图像学的理解,揭示图像在不同文化中的多样性和复杂性。通过横向比较和纵向比较的综合运用,研究者能够更全面地把握图像的多维度特征,从而为图像学研究提供更为丰富和深入的视角。然而,"因缺乏足够的理论建构体系,比较图像或原型图像学方法在叶舒宪的图像研究中并未上升到方法论层面,真正富有方法论意义的图像理论建设是'原型编码'概念的提出"[1]。"原型编码"包括文本、图像、口传等多种

---

[1] 王倩. 探寻中国文化编码:叶舒宪的神话研究述论[J]. 中国矿业大学学报(社会科学版),2015(1):45-54.

表述方式。他将大传统文化文本编码视为一级编码,将文字小传统的萌生视为二级编码的出现,将文字书写成文本的早期经典确认为三级编码。对于经典时代以后的所有写作,他统称为N级编码。叶舒宪基于对中国文化传统现状的反思将罗伯特·雷德菲尔德的"大传统和小传统"概念进行改造[1],强调对非文字资料的关注,力求在重建中国文化观时摆脱书本主义知识观和历史观的束缚。

第二节 经典神话形象流变

一、盘古

关于盘古神话,最初的书面记载出现在三国时代的吴国,由徐整所著的《三五历纪》描述了盘古的诞生和宇宙的创造:"天地浑沌如鸡子,盘古生在其中,万八千岁,天地开辟,阳清为天,阴浊为地,盘古生在其中,一日九变,神于天,圣于地。天日高一丈,地日厚一尺,盘古日长一丈。如此万八千岁,天数极高,地数极深,盘古极长……后乃有三皇。"盘古形象在这一时期仍相对抽象,主要以阴阳观念对天地进行分类,将"阳"归为天,"阴"划分为地。同时,在《五运历年纪》中,徐整进一步补充了"盘古神话"的描写,描述了盘古的化身过程,包括风云、雷霆、太阳、月亮等元素的生成,以及他的身体各部分与自然界各个元素的联系。盘古在这一时期被视为创造宇宙万物的角色,他的身体各部分成了宇宙中的山川、江河、星辰、草木等。这一时期的"盘古"形象凸显了宇宙和自然的起源。然而,魏晋南北朝时期,任昉在《述异记》中对"盘古"形象进行了带有人

---

[1] 叶舒宪. 探寻中国文化的大传统——四重证据法与人文创新[J]. 社会科学家,2011(11):8-14.

文色彩的陈述,"吴楚间说,盘古氏夫妻,阴阳之始也,今南海有盘古氏墓,亘三百余里,俗云,后人追葬盘古之魂也。桂林有盘古氏庙,今人祝祀。南海中盘古国,今人皆以盘古为姓"。任昉的附记不仅为"盘古"增添了夫妻关系的要素,还叙述了后人对盘古的敬仰活动,其信徒之众可媲美一国之民,而盘古的名字成了这个国家的姓氏。盘古的形象在三国至南北朝时期经历了从宇宙天地的开辟者到人类始祖的转变,既是宇宙的缔造者,也成为人文的始祖。

盘古神话在民间口耳相传的同时,也逐渐成为道教传说中的一个分支。从魏晋时期开始,道教进入了一个新的发展时期,尤其是在东晋和南朝时期,江南地区的道教逐步建立了一套完整的神仙信仰体系。这一时期,道教信徒崇拜众多传说中修炼成神的仙人,并将"元始天尊"奉为道教最高的神灵。葛洪所著的《枕中书》一书,详细描绘了盘古开天辟地的创世神话。书中描述了盘古在一片混沌之中诞生,他以无比的力量和决心,劈开混沌,从而开辟了天地,创造了日月星辰,为宇宙带来了光明和秩序。盘古的壮举奠定了天地的基础,宇宙得以形成。随后,在这个新诞生的宇宙中,元始天王出现了。他居住在巍峨的玉京山上,以其无上的神力创造了天地万物,使得宇宙更加丰富多彩。元始天王的出现,标志着天地秩序的进一步完善。在神话的叙述中,太元圣母和太真西王母也相继诞生。她们是宇宙中的重要女神,分别拥有不同的神力和职责,为天地间的和谐与平衡做出了贡献。而天皇、地皇、人皇这三位皇者的后裔,也相继统治着宇宙,他们的血脉传承,使得宇宙的统治更加有序和稳定。除此之外,《枕中书》还提到了八位帝王,他们分别统治着五岳,即中国的五座圣山。这些帝王的存在,进一步丰富了中国古代神话体系,使得神话故事更加完整和立体。

这些神话元素共同构成了中国古代的神话体系，对中国古代的文学、文化和宗教产生了深远的影响。盘古作为开天辟地之神，他的形象和故事被道教所吸纳，成为道教神仙系统中的重要一员。在道教中，盘古被视为众神仙的始祖，他的创世功绩被后世不断传颂，成为天地神灵的创造者，象征着宇宙的起源和万物的诞生。在道教的宗教体系中，"元始天王"这一概念被早期道教信徒构想和塑造为至高无上的神祇。这一神祇的出现，对南方地区的道教神灵崇拜观念产生了极其深远的影响。随着时间的推移，到了南朝时期，道教经历了一次重要的革新。诞生了一位新的至上神——"元始天尊"。这一新的神祇形象不仅继承了古老的盘古神话，还披上了一层宗教的外衣，被赋予了更为丰富的文化内涵。"元始天尊"以其璀璨的灵光和深邃的智慧，携带着道教丰富多彩的思想文化因子，如同一道耀眼的光芒，照亮了无数信众的心灵。千百年来，这一至高无上的神祇一直不断地影响着其信众，成为他们精神世界中不可或缺的一部分。无论是道教的仪式、修行方法，还是信徒的日常生活，都深深地烙上了"元始天尊"的印记。通过这种深远的文化传承和信仰实践，道教的思想文化得以在历史的长河中绵延不绝，影响着一代又一代的信徒。

二、女娲

女娲的形象最早可以追溯到先秦时期，那时她在神话传说中已经初露端倪。而在两汉时期，女娲的形象得到了进一步的发展和完善，逐渐形成了一个较为固定的神话形象。在这一过程中，人们对她的认识和描述也变得更加丰富和详细。屈原最早在《楚辞·天问》中提出"女娲有体，孰制匠之？"的问题，虽然显得突兀但也说明在其之前，女娲就作为人类的始祖而被信奉和崇拜。《山海经·大荒西经》中记载："有神十人，名曰女娲之肠，化为神，处栗广之野，横道而处。"这表明女娲是民族创生之神。伏羲与女娲的名字，都是战国时才开始出现于记载之中的……二名并称始见于《淮南子·览冥训》，也是汉代的书，[1]在绝大多数先秦典籍中，女娲以造物主的形象独立地存在于自己的神话系统中。

《太平御览》卷七八引《风俗通义》："俗说天地开辟，未有人民。女娲抟黄土作人，剧务，力不暇供，乃引绳于絙泥中，举以为人。故富贵者，黄土人也；贫贱凡庸者，絙人也。"《淮南子·说林训》云"黄帝生阴阳，上骈生耳目，桑林生臂手：此女娲所以七十化也"。高诱注："黄帝，古天神也。始造人之时，化生阴阳。上骈、桑林，皆神名。女娲，王天下者也，七十变造化，此言造化治世非一人之功也。"文字阐述了女娲创造人类的原因、方式以及如何让人类自行繁衍，通过丰富的想象力和生动的描绘，使我们得以一窥女娲这位创造者神的卓越才能。她创造人类的技艺和方法不仅展示了她那神圣而强大的力量，还体现了她无与伦比的智慧和创造力。在对细节的精心处理中，作者赋予了女娲人类的心理、情感和生活体验，使得描述的内容不仅仅彰显了她的神力，还展现了她作为一位母亲的勤勉、智慧和伟大。这种细腻的描述使得女娲的形象既神圣又亲切，仿佛一位慈爱的母亲，无时无刻不在关怀着她的子民。这种描述不仅让人们感受到了女娲作为创造者的崇高地位，还对激发了人们对她深深的崇敬和情感投射，仿佛她就在人们身边，时刻守护着人们。

如果将"抟土造人"的传说视为对女娲原本自然生成功能

---

[1] 闻一多. 伏羲考[M]. 上海：上海古籍出版社，2006.

的一种延伸和拓展,那么"炼石补天"的神话传说则可以看作汉族人民自己独特的创造和想象。在这个故事中,女娲的形象已经从民族创世神话中的女神形象,显著地转变和升华,变成了符合汉代帝王观念的理想的圣王形象。关于女娲补天的故事,最早见于《淮南子·览冥训》,书中详细描述了女娲补天神话的原因、方式和过程,以及补天后的效果,构成了女娲补天形象的核心内容。在这一过程中,女娲不仅展现了她无与伦比的智慧和力量,还体现了她对人类和世界的深切关怀。她的英雄形象成了中华民族坚韧不拔、无畏挑战、勇于克服困难的象征,激励着一代又一代的中华儿女在面对困难和挑战时,始终保持坚定的信念和不屈的精神。

《淮南子·览冥训》:"自三代以后者,天下未尝得安其情性,而乐其习俗,保其修命,天而不夭于人虐也。所以然者,何也?诸侯力征,天下不合而为一家,逮至当今之时天子在上位,持以道德,辅以仁义,近者献其智,远者怀其德,拱揖指麾而四海宾服,春秋冬夏皆献其贡职,天下混而为一,子孙相代,此五帝之所以迎天德也……夫钳且大丙,不施辔衔,而以善御闻于天下,伏羲、女娲,不设法度,而以至德遗于后世,何则?至虚无纯一,而不喋苛事也。"将女娲和伏羲并列,且归为能"设法度"和"遗至德"的人物,显然已经暗示出其女皇的地位。

然而,在儒家大一统的中国封建社会,男权思想占据统治地位,女娲作为母系氏族社会的产物,她的女皇地位逐渐受到质疑,最终被排挤出三皇体系。司马贞以《三皇本纪》为女娲立传,但他对女娲的态度却表现出对女性神帝的冷漠和贬低。他既无法回避前代有关女娲圣德传说的遗闻,不得不承认女娲具有"神圣之德",但同时又试图寻找各种理由和依据将女娲排除在三皇之外。[1]

自汉代以来，女娲的形象经历了一次重要的转变，她不再仅仅是伏羲的妹妹，而是逐渐演变成了他的妻子。在这一时期，伏羲和女娲被赋予了共同创造人类的神圣使命。在汉代墓葬的砖画中，我们可以看到伏羲和女娲通常被描绘为人首蛇身的形象，这种描绘充满了神秘色彩。伏羲手持象征光明和力量的太阳，而女娲则手持代表阴柔和宁静的月亮，这种象征性的描绘体现了阴阳结合的哲学思想。他们常常以连体相交的形式出现，这种形象不仅展示了他们作为天父和地母的配偶关系，也象征着天地之间的和谐统一。随着时间的推移，女娲作为独立创造人类的形象逐渐被削弱，她的角色更多地被定位为协助伏羲治理天下的伴侣。这种转变反映了当时社会对女性角色的认知和期待。在男性主导的社会中，女性往往被赋予辅助性的角色，而女娲的形象也顺应了这一社会现实，成了一种附属的存在。尽管如此，女娲在神话传说中的地位依然不可忽视，她不仅是人类的创造者，也是维护世界秩序的重要力量。

唐以后诗歌不断发展和丰富，女娲神话被移位扩充为小说故事，女娲的形象也更加世俗化。李白乐府诗《上云乐》中描述女娲轻松戏弄黄土，将其团成愚拙的下人，散布在六合之间，如同漫天飞扬的沙尘。卢仝在《与马异结交》一诗的创作中，以怪异的风格描绘女娲："神农画八卦，凿破天心胸。女娲本是伏羲妇，恐天怒，捣炼五色石，引日月之针，五星之缕把天补。补了三日不肯归婿家，走向日中放老鸦。"女娲成了替夫补过的家庭主妇，失却了神圣的气质。女娲的神性逐渐被冲淡，她所创造的"人"的情感变得更加突出。

---

[1] 宁稼雨. 诸神的复活：中国神话的文学移位 [M]. 北京：中华书局，2020：7.

在《封神演义》中，女娲的美貌和怒火成为整个故事的起因，而她的形象也由原始神话时期的"人头蛇身"变成了美丽端庄的女神。女娲在武王伐纣的过程中站在代表民心的西周一方。她的参与并非最初主动，而是因为她的神像受到凡人的侮辱而被迫参与。这一事件成为封神故事的缘起，展示了女娲形象的变化，从具有奉献、拼搏、无畏精神的女神变成了高高在上、令人敬畏的神祇，接受众生的顶礼膜拜。明朝周游在《开辟演义》[1]中对女娲的描写强调了她的美貌和聪慧，并且提到她是伏羲的妹妹和神媒。文人们根据自己的愿望改写了女娲的形象，赋予了更多的道德因素，使其更加世俗化。女娲的形象在文人笔下发生了转变，更加高高在上，同时也带有更加鲜明的人性。

三、嫦娥

嫦娥奔月的故事最早可以追溯到战国早期的文献记载。先秦至两汉时期，这个故事得到了进一步丰富和完善。通过对古代出土的资料和流传至今的传世文献进行细致比较和系统梳理，可以发现，在先秦时期，嫦娥与后羿以及西王母之间并没有直接的联系，嫦娥是以一个独立的形象出现在奔月神话之中的。在古代神话传说中，嫦娥最终化身为蟾蜍，这一情节反映了古人将对日月的崇拜与对动物的生殖崇拜相结合的信仰。蟾蜍的生活习性是白天通常会潜伏起来，到了夜晚则开始活跃，这种昼夜活动的习性与月亮的昼夜变化相吻合。此外，蟾蜍的发育过程属于变态发育，其形态的变化与月相的盈亏变化也有相似之处。因此，在古人的观念中，蟾蜍常常被视为月亮的象

---

[1]《开辟演义》：又名《开辟衍绎通俗志传》《开辟衍绎》，明代周游所作长篇小说，讲述自盘古开天辟地至周武王伐纣期间的神话传说。

征。在古代的变形神话中，人在死后通常会变成某种动物或其他形态，以此来获得一种生命的延续。嫦娥化身为蟾蜍，展现了一种形体上的改变和心志上的移情，这种变化不仅仅是一种简单的变形，更是一种更强大的生命力的再生。在这一过程中，流淌着的是一种强烈而执着的生命意识，体现了古人对生命永恒和再生的渴望与追求。

《淮南子》中《览冥训》篇最早且较为完整地记录了"嫦娥奔月"神话："譬若羿请不死之药于西王母，姮娥窃以奔月，怅然有丧，无以续之。何则？不知不死之药所由生也。是故乞火不若取燧，寄汲不若凿井。"东汉高诱的注释解释说："姮娥，羿妻。羿请不死之药于西王母，未及服之，姮娥盗食之，得仙，奔入月中，为月精也。"张衡的《灵宪》也记载了羿求不死之药，姮娥窃之奔月，并在有黄之地筮占吉兆，最终姮娥托身于月，成为蟾蜍。嫦娥神话的基本结构在两汉时期已经确立，并且后续的文献中几乎未见新增内容。原先，嫦娥被视为一位独立的飞天女神，但到了东汉时期，她被描述为后羿的妻子，并与后羿射日的传说相结合。此时，嫦娥不再直接从西王母处获得长生不老药，而是变成了偷吃后羿向西王母求得的药。不死药的所有权归后羿，嫦娥作为其妻，通过偷窃这种方式吞服不死药，这种行为可被视为"盗自中出"。而后羿自身在汉代时期被塑造为一位伟大的英雄，他的形象通过与太阳神话的结合，进一步彰显了其刚毅与纯粹的精神特质。当汉代人以极力彰显羿的态度整合嫦娥神话和后羿神话时，自然会自觉地贬低、排斥嫦娥，尤其是在伦理色彩浓厚的阴阳观念下，将后羿与嫦娥置于"妻受命于夫"的"纲常"之道上[1]，嫦娥的身份和地位降低也就成

---

[1] 宁稼雨. 诸神的复活：中国神话的文学移位 [M]. 北京：中华书局，2020：7.

为势所必然。

魏晋时期起，道教通过大规模的造仙和树仙活动，极大地推动了嫦娥奔月神话向仙话的转变。到了唐代，这一神话已经彻底完成了向仙话的转化。在这个过程中，嫦娥被道教纳入其庞大的仙系之中，并被赋予了显著的太阴月仙地位。经过道教的全面塑造和渲染，嫦娥最终以一个全新的仙人形象，展现在了世人面前。嫦娥进入道教仙谱，首先获得了"月宫黄华素曜元精圣后太阴元君"或"月宫太阴皇君孝道明王"等新称号，简称"太阴元君"或"太阴皇君"。

随着戏曲和民间传说广为流传，嫦娥的形象在小说和戏曲中逐渐演变。《龙城录》[1]中的《明皇梦游广寒宫》详细扩展了与嫦娥有关的故事情节，正式引入了嫦娥的相关形象。在这篇故事中，陪同唐明皇游月宫的法师从申天师和道士鸿都客增加到三人，对月宫环境的描写更加细致，正式将月宫命名为"广寒清虚之府"。尽管未直接提及嫦娥，却出现了类似嫦娥的形象，如"素娥十余人，皆皓衣乘白鸾，往来笑舞于广陵大桂树之下，又听乐音嘈杂，亦甚清丽"。最后，交代了唐明皇题名《霓裳羽衣曲》的缘由，是"因想素娥风中飞舞袖"，直接指出了"霓裳羽衣曲"与素娥之间的关系。宋代《太平广记》中的《赵旭》也涉及嫦娥的描写。在这个故事里，一位天上的仙女心生凡念，私自与凡间的男子赵旭相爱。这段不被天界所允许的恋情最终被嫦娥发现。嫦娥作为天界的女神，决定将赵旭带回天宫，以维护天界的规矩。她对赵旭说道："吾嫦娥女也，闻君与青君集会，故捕逃耳。"这段描写不仅展现了嫦娥的威严和职责，也揭

---

[1]《龙城录》：又名《河东先生龙城录》，唐代志怪小说集，主要记述隋唐时期帝王官吏、文人士子、市井人物的逸闻奇事。旧题柳宗元撰，但历来学者对此存疑。

示了天界与人间之间复杂的情感纠葛。由此可见，嫦娥形象在小说中不断丰富，朝着更符合世俗情感的方向发展。在魏晋唐宋文人的描写中，嫦娥真正完成了由仙向凡的演变。她不仅是仙灵身份的存在，展现了更自由、更开阔的行事空间，同时也在情感和性格方面呈现出更丰富、更细腻的特质。

在唐代以后的小说、笔记等叙事作品中，关于嫦娥奔月成为月宫之主以及后羿的最终结局，存在着诸多不同的猜测和补充。这些作品通常倾向于按照大团圆的喜剧情节来安排故事的结局。在这些版本中，最为典型且情节最为完整的是陶宗仪在其著作《说郛三种》中的记载：嫦娥奔向月宫之后，后羿因为日夜思念她而陷入了深深的忧郁之中，最终导致身体状况每况愈下，甚至患上了严重的疾病。嫦娥和后羿的夫妻关系在后代的发展和演变中被描绘为恩爱夫妻，最终成就了"夫妇如初"的完美结局。对嫦娥在已经成仙后善解人意、忠于丈夫的神仙形象的塑造，侧重于彰显夫妻感情，体现了民俗文化的丰富意蕴，也表达了对圆满伦理的期待。

四、后羿

在先秦与西汉时期的文献中，关于后羿的形象呈现出两种不同的表述，一种是历史记载中的后羿（即善射的英雄羿和有穷氏后羿）；另一种是被神化的后羿形象[1]，包括《山海经》、《楚辞》和《淮南子》中神化的描绘。

在古代神话《山海经》中，后羿被描绘成一位英勇的神射手，他从帝俊那里得到了一把红色的弓和白色的箭。这把弓箭不仅是他的武器，更承载着帝俊赋予他的神圣使命，那就是辅助和

---

[1] 陈蕾. 论后羿从史话到神话、仙话的形象流变[J]. 山西能源学院学报，2022，35（1）：78-80.

保护下界（人间）的国家，帮助他们解除各种艰难险阻。后羿凭借着这把神奇的弓箭，开始了他传奇般的冒险旅程。《山海经》的《海外南经》篇章中，进一步详细记载了后羿的一次著名战斗。这次战斗发生在畴华野，后羿面对的是凶猛的怪兽凿齿。凿齿是一种长着锋利牙齿的怪物，其凶残程度令人闻风丧胆。然而，后羿毫不畏惧，他凭借高超的射术和坚定的勇气，用那把帝俊赐予的红弓白箭，精准地射向凿齿。最终，后羿成功地射杀了凿齿，解除了这个怪物对畴华野的威胁，保护了当地百姓的安全。这次战斗不仅展示了后羿的英勇和神力，也进一步巩固了他在神话传说中的英雄地位。这些记载表现了后羿作为射师的英雄形象，他是唯一能够"上冈之岩"的超能力英雄。帝俊赋予他弓箭，派他下凡帮助人类，让他体验并解决人间的苦难。后羿不仅是一个具有超能力的神级英雄，也是天帝的臣子，被送往人间救助民众，从而深刻体验了人间的艰辛。

屈原在《天问》中对后羿神话进行提问，增加了后羿射日的英雄事迹，强调后羿的神话形象。尽管春秋时期的文献中未见到关于后羿射日的记载，但屈原对后羿神话的提及使得后羿的形象再次受到关注。这表明在战国时期，后羿的神话在楚地已经变得更为丰富，后羿逐渐成为一个神性英雄形象。

上古历史传说中的夏诸侯有穷后羿，最早见于《左传·襄公四年》和《左传·昭公二十八年》。在上古时代的传说中，后羿是夏朝的诸侯之一，虽然擅长射箭，但却是一个政事荒废、沉迷于打猎，并且任用人员失当的反面角色。因此，后世常以他为警示。

在《论语》和《孟子》等古代经典著作中，后羿的形象与春秋时期所描述的荒淫无度的负面形象有所不同，同时也不再具备《山海经》和《天问》中所赋予的神秘神性。相反，在这些文献中,后羿被描绘成一个真实存在的、擅长射箭的英雄人物,他的形象更加贴近人间,充满了人性的光辉。在《论语·宪问》中,南宫适向孔子提问:"羿善射,奡荡舟,俱不得其死然;禹、稷躬稼而有天下。"孔子未作答。《孟子·离娄》中描述逢蒙学习羿的射术,学尽了羿的技艺,然而他却心想天下只有羿的箭术比自己高明,于是杀了羿。孟子评论说:"这也是羿有罪过的原因。"(他选错了人)《荀子·儒效篇》写道:"羿者,天下之善射者也,无弓矢则无所见其巧。"《管子·形势解》有关后羿的记载:"羿,古之善射者也,调和其弓矢而坚守之,其操弓也,审其高下,有必中之道,故能多发而多中。明主犹羿也,平和其法,审其废置而坚守之,有必治之道,故能多举而多当。道者,羿之所以必中也,主之所以必治也。射者,弓弦发矢也。故曰:羿之道非射也。"《韩非子·守道》中指出:"寄千金于羿之矢,则伯夷不得亡,而盗跖不敢取。"在以上的经典文献中,孟子对羿有所批评,认为逢蒙杀羿是因为羿个人的罪过。庄子、荀子、管子和韩非子都突出了羿"善射"的特点,弱化了羿的其他形象,将其视为善射的代表。

上古神话中,射师羿的传说和上古历史人物后羿的传说在民间广为传诵,这两者的传承最终融汇于神话之中,而自汉魏时期以来,鲜有变迁。[1] 它们在古代文献资料中基本上作为原型和母题存在。在先秦时期的文献记载中,后羿主要以一个"反面教材"般的形象存在。然而在《淮南子》中,后羿的形象发生了明显的转变。《淮南子·本经训》记载:"逮至尧之时,十日并出,焦禾稼,杀草木,而民无所食。猰貐、凿齿、九婴、大风、封豨、修蛇皆为民害。尧乃使羿诛凿齿于畴华之野,杀

---

[1] 叶正渤. 后羿传说源流考 [J]. 东南文化, 1994 (6): 42-43.

九婴于凶水之上,缴大风于青丘之泽,上射十日,而下杀猰貐,断修蛇于洞庭,擒封豨于桑林。万民皆喜,置尧以为天子。"《淮南子·氾论训》中:"故炎帝于火,死而为灶;禹劳天下,死而为社;后稷作稼穑,列而为稷;羿除天下之害,死而为宗布。此鬼神之所以立。"后羿作为射日除害的英雄,他死后成为宗布神,后羿的地位空前提升,成为与炎帝、禹、后稷地位同等的英雄。《淮南子·览冥训》云"譬若羿请不死之药于西王母,姮娥窃以奔月"。高诱引注曰:"姮娥,羿妻。羿请不死之药于西王母,未及服也,姮娥盗食之,得仙,奔入月中,为月精也。"将"后羿射日"与"嫦娥奔月"两则故事结合在一起,体现了神话人物后羿的仙化,同时其神仙性质也得到了进一步加强。

五、牛郎织女

牛郎织女的故事最初出现在《诗经》中的《大东》篇:"维天有汉,监亦有光。跂彼织女,终日七襄。虽则七襄,不成报章。睆彼牵牛,不以服箱。"天上织女每天七次忙碌往返,却总未织成美丽花样,明亮牵牛,也无法随意驾车。可以看出这里的织女和牵牛仅仅是天上拟人化的星座,还不能算是一个完整的故事。

西汉时期,为了培训水军,汉武帝开凿了昆明池。修好池子后,他在池畔的东西两侧分别竖立了牛郎和织女的石像,使它们隔着河相望,仿佛将天上的星宿移至了地上。班固在《西都赋》中也描绘道:"临乎昆明之池,左牵牛而右织女,似云汉之无涯。"从那时起,牛郎织女的神话传说便从天上降临到人间,在中华大地上广为传诵。两汉时期,《古诗十九首》中的《迢迢牵牛星》出现:"迢迢牵牛星,皎皎河汉女。纤纤擢素手,札札弄机杼。终日不成章,泣涕零如雨。河汉清且浅,相去复几许？盈盈一水间,脉脉不得语。"这首诗已经勾勒出了一个完整的故事框架,与后来流传下来的牛郎织女神话的结局大致相似。通过这首诗,我们可以逐渐理解古人是如何将遥远的星星编织成一个动人的爱情故事。在这个故事中,牛郎和织女因违背了神意而私下相爱,最终双方都受到了严厉的惩罚。织女无法完成她的织造工作,而牛郎则无法驾驭他的车辆。他们被迫隔着一条宽阔的银河相望,却无法跨越这道障碍,实现团聚的愿望。这个神话传说反映了从奴隶社会向封建社会过渡的时期家族统治的严苛性和不近人情。牛郎和织女成了这种不公社会制度下的受害者,他们的故事在某种程度上揭示了当时社会的种种不平等和束缚。

随着时间的推移,这个神话故事逐渐丰富和完善,成了一个广为流传的经典传说。它不仅反映了古代社会的伦理观念和家族制度,也寄托了人们对美好爱情的向往和追求。人们对他们纯真的爱情充满同情,对他们所受到的严厉惩罚感到不满。因此,早在汉代初年,《淮南子》就记载了"乌鹊填河成桥,渡过织女"。东汉时期,崔寔在《四民月令》中写道:"七月七,牵牛星和织女星当相会。"应劭编写的《风俗通义》中也有这样的记载,织女七夕当渡河,让乌鹊做桥,相传七日鹊头上的毛都无故秃去,这是因为乌鹊被用来搭桥了。这表明,在当时,不仅牵牛和织女为夫妻之说已经被广泛认可,而且他们每年都以乌鹊为桥相会。人们看到牛郎织女只能相望而无法相会,因此为他们增加了每年相会一次的情节。这一情节的添加,明显是出于人类的体验,而不是神的经历,是人们在面对男女相爱而无法团聚的感受中产生的,是人们对牛郎织女的同情所致。在三国时期,这一主题在许多文人的诗文中体现。他们运用牛郎织女的神话故事来表达爱恋和相思之苦。蔡邕在《青衣赋》

中写道:"悲彼牛女,隔于河维。"曹丕在《燕歌行》中也有"牵牛织女遥相望,尔独何辜限河梁"的诗句。

魏晋南北朝时期,牛郎织女神话传说得到了进一步的发展。张华在《博物志·杂说下》中记载了一个关于天河与海相通的神奇故事。其中,一个凡人乘坐浮槎渡过天河,见到了牵牛星和织女星。这个故事显然是后人创作的,但描述了人间与仙境的奇妙相遇。南朝梁吴均编写的《续齐谐记》中也有类似的记载,描述了一个名叫成武丁的人,他告诉弟弟织女将要渡河,而自己则将被召回天宫。这两个故事或许是晋代清谈的记录,但它们提到的情节为后来牛郎织女爱情故事的形成提供了重要背景。《荆楚岁时记》中详细记录了牛郎织女的故事,描述了织女年年辛勤劳作,天帝将其嫁给牵牛郎后,织女便停止了织造工作。然而,这个版本中织女不再是"不成报章"的星名,而是一个辛勤劳作的女子。经过封建文人的改动,牛郎织女被罚的原因被单方面归咎于织女贪欢懒惰,而不提及牛郎停止了牧场工作的事实。这表明封建统治者试图通过神话来美化和润色社会制度。

在魏晋南北朝时期,牛郎织女神话传说经历了较大的发展,故事情节更加丰富,表现更为完整。故事中揭示了牛郎织女被拆散的原因,尽管各个版本有所出入,但无论原因是什么,都是来自长者的干涉。在这个时期,牛郎织女的故事还向传说的方向转变,张华的《博物志》中,世俗之人可以登上天庭,与牛郎进行交流,人与神之间的关系竟是如此的亲密。而《搜神记》则将神话中的男主人公变成了人间的一个卖身葬父的穷小子。这为牛郎织女神话传说在后世定型打下了基础。

魏晋以后,牛郎织女传说经过长时间的广泛传播逐渐形成。在世代相传的过程中,故事本身也得到了丰富并逐渐定型。明清及民国以后的牛郎织女传说由于地域的不同、文化的差异，全国东南西北都有自己不同的"牛郎"，但基本的情节甚至很多细节却是相同的。他们都以现实社会为背景，舞台由天上移到了地上，牵牛由天上的星神变成了人间的放牛郎，最终又演变为天上的星神。[1] 天上的婚姻变成了人间的姻缘，涌现了神话中未曾有的神化的老牛形象，会说话的神牛在关键时刻发挥了作用，推动了情节的发展。

神话的传承和演变往往受到口头传播的影响，随着时间的推移，这些古老的故事会逐渐产生新的变化。这一点在上述的牛郎织女神话中得到了充分的体现。牛郎织女神话原本是一个简单而动人的爱情故事，但随着时间的流逝，它逐渐演变成了各种各样的传说。这些传说结合了不同地区的地方特色和当地的民情风俗，使得牛郎织女神话呈现出更为丰富多彩的面貌。在口头传播的过程中，人们往往会根据自己的理解和喜好，对故事进行改编和创新。因此，牛郎织女神话在不同地区有着不同的版本和情节。有些版本强调了牛郎的勤劳和织女的美丽，有些版本则突出了他们之间的忠贞爱情。还有一些版本加入了地方特有的元素，如某些地区的传说中会加入当地的自然景观或风俗习惯，使得故事更加贴近当地人的生活。随着时间的推移，牛郎织女神话还受到了各种文化因素的影响。例如，某些版本中可能会加入一些道教或佛教的元素，使得故事具有更深的宗教意义。还有一些版本可能会受到其他神话故事的影响，与其他神话故事产生交集，形成更为复杂的情节。牛郎和织女的形象深入人心，成了忠贞爱情的象征，而每年的七夕节更是成为人们纪念这对恋人的传统节日。尽管他们被银河隔开，但他们

---

[1] 赵颖. 牛郎织女神话传说的流变及其现实意义[J]. 西安电子科技大学学报（社会科学版），2009（2）：109-114.

的爱情故事却跨越了时间的长河,成为了永恒的经典。

六、观世音

观世音是梵文的译名,因避唐太宗李世民的名讳,在唐代被简称为"观音"。在公元前 7 世纪的印度,观世音被描绘为一位骑着双马的童神。在金克木的《梵竺庐集》中,双马童神被描述为具有强大的救助能力,特别是在治病方面表现出色,能让盲人恢复视力、残疾人恢复健康、不产奶的母牛能够产奶、阉人的妻子怀孕生子,还能使老年妇女找到丈夫、沉船的人得救。童神还帮助一位老仙人恢复了健康,延长了寿命,并使他返老还童,还促成了许多姻缘,帮助人们找到配偶。[1] 双马童神体现了古代印度人民在苦难中对美好生活的渴望和追求,在当时的印度广受崇拜。佛教创始人释迦牟尼在建立宗教时,将这位善神纳入自己的教义体系中,使观音逐渐被人格化,成为一位慈悲的菩萨。

佛教在初传入中国时,观音菩萨的形象与其后来广为人知的慈悲女神形象大相径庭。初期的观音菩萨被描绘为一位"威猛丈夫",具有男性的形象和特质,这一点在多部佛教经典中有所体现。例如,《法华经》的"普门品"中描述观音为"善男子",而《华严经》中则称其为"勇猛丈夫观自在",突显其英雄主义和力量的特质,其形象通常上身裸露,肌肉线条分明,表现出力量和活力。他手持象征纯洁的莲花,身穿半透明的袈裟,袈裟从腰间垂下,仅覆盖臀部和大腿,显示出其神性与庄严。头戴精美的冠冕,颈间挂有项圈,手臂和手腕佩戴着各种装饰性的手套、臂环和镯子,增添了其威仪与神圣感。《楞严经》

---

[1] 金克木. 梵竺庐集 [M]. 张大明,等,选编. 南昌:江西教育出版社,1999:33.

●唐 范琼 大悲观音像

● 宋 贾师古 大士像

中提到，观音菩萨具有变化无穷的能力，能够根据众生的需要展现不同的"应身"。在魏晋南北朝时期，观音的形象逐渐向女性过渡。到了隋唐时代，女性化的观音已成为主流。《法华经》中的"马郎妇故事"描绘了一位"美艳女子提篮贩鱼"的形象，显示出到了唐代，观音已被塑造为一位风姿绰约的美女。随着这种性别角色的固定，观音的服饰也逐渐显现出女性特征。在唐代，敦煌莫高窟中的观音形象描绘了她"高髻束冠，颈佩缨络，穿着绚丽的斜纹披巾"的形态，这些细节生动地反映了唐代女性的服饰风尚。在麦积山石窟中，观音被表现为坐在海浪之中，身着当时女性常见的服装，姿态活泼可爱，就像一个典型的唐代美女的形象。宋代观音的形象则表现为端庄秀丽，慈祥和蔼，她的服饰更趋于简洁与平民化，使她显得更加贴近宋代普通女性的形象，增强了亲切感和真实感。与唐代的神性元素相比，宋代的观音造像更加注重表现其世俗化的一面。特别是自在观音，在宋代的表现更为突出，她的形象温婉秀丽，长发披肩，体现了一种闲适与自在的美感。

在唐朝和宋朝这两个历史时期的发展过程中，观音菩萨的形象逐渐脱离了其最初源自印度文化的特征，转而演变成一种与中国传统审美观念相契合的独特文化符号。随着观音形象的中国化，她不再仅仅是印度佛教中的一个神祇，而是融入了中国本土的文化土壤，形成了多种多样的形象和传说。无论是慈悲为怀、普度众生的大悲观音，还是拥有千手千眼、无所不能的千手观音，抑或是渡海而来、救苦救难的渡海观音，或是送子送福、恩泽人间的送子观音，以及手持鱼篮、普度众生的鱼篮观音，这些形象都展现了观音作为女性的多面性和丰富性。这些形象的变化不仅极大地丰富了观音的文化内涵，使她在中国文化中的地位更加深入人心，而且也使她成了跨越时空、象征慈悲与智慧的永恒存在。观音的形象和故事在中国民间广为流传,成为人们心中不可或缺的精神寄托和文化象征。

观音的形象在明清的神话小说中得以丰富。《南海观音全传》详细叙述了南海观音的众多事迹。南海观音原是西域兴林国的王女,名为妙善,她自小心地善良,立志出家修行。公主拒婚后出家至白雀寺,遭父王处死,尸身被虎携走。在释迦牟尼的指引下,妙善公主在香山寺修行成功,并驱逐邪魔。最终,她的父王悔改,全家皈依佛门并一同升天。妙善公主被封为"大慈大悲救苦救难南无灵感观世音菩萨"。这部经典塑造了一位坚定不移、专注于宗教追求的修行者形象。《南海观音全传》中还描述了观音拥有众多神迹和无穷法力,以此彰显其神性。妙善公主生时异象频现,如异香弥漫宫殿,霞光普照。在白雀寺被贬至厨房受罚期间,玉皇大帝下旨让东海龙王和野兽协助她,后在庄王焚烧寺庙时,她祈天使火自灭,僧尼得救。最后庄王命令处死公主时,凡人的刀枪无法伤她分毫。通过这些描写,作者唤起了人们对观音的敬仰与信仰。

在《西游记》中,观音菩萨被塑造成一位亲切、慈悲、智慧与法力俱足的女菩萨形象。她总是在取经团队遇难时及时出现,常通过念咒或使用手中的法器轻松驱散妖魔鬼怪。小说的第八回中,描述了观音菩萨奉旨前往长安寻找取经人的情景,当她行至五行山下,看到昔日威震天宫、英勇无敌的孙悟空,如今却被五行山重压,风吹雨打。面对这一幕,观音最终以一首诗来表达内心感慨:"堪叹妖猴不奉公,当年狂妄逞英雄。欺心搅乱蟠桃会,大胆私行兜率宫。十万军中无敌手,九重天上有威风。自遭我佛如来困,何日舒伸再显功!"[1] 话语中流露出

---

[1] 吴承恩. 西游记 [M]. 上海:上海古籍出版社,1999.

对悟空的惋惜之情。在接下来的西行取经的旅程中，观音菩萨与孙悟空之间的关系变得非常亲密，他们常常超越了身份的界限，互相开玩笑、打趣，甚至在某些情况下，观音菩萨会毫不留情地直言责骂孙悟空。这种行为在神圣的观音菩萨身上显得有些出人意料，因为她通常是以慈悲和庄严的形象示人。然而，她这种直白的语言斥责，却在某种程度上展示了她具有一定的世俗化特征。这种世俗化的表现，使得观音菩萨的形象更加立体和真实，也让孙悟空与她的关系更加人性化，充满了亲切感。

观音形象的流变过程中，无论是男相抑或女相，其核心特质始终都是救苦救难、大慈大悲，而其有普度众生的博爱情怀，也暗合了世人对于母性的情感诉求，世人在"母亲"那里获得了潜意识里的归属感和安全感。[1] 送子观音的出现和发展，使得原本就备受尊崇的观音菩萨，进一步承担起了生命来源的重要意义。她满足了世人对于香火延续和家族传承的深切渴望，在其后的历史发展过程中，观音送子逐渐演变成为中国民俗活动中的一个重要事项。与其他高高在上的神佛不同，观音菩萨并非居住在遥不可及的天国，而是始终关心着人间的疾苦，能够急人之所急，解人之所难。她随时准备着解救人们的各种困厄，引领他们渡过难关，抵达幸福的彼岸。观音菩萨总是活跃在世俗之中，奔波于民间，不辞辛劳地救济众生的苦难。这种无微不至的关怀和无私的奉献，使得人们对她产生了一种类似于小孩对母亲般的依赖之情。因此，每当人们遭遇困难和苦难时，便会自然而然地想起观音菩萨，口中念念有词地向她祈求帮助。人们深信，只要有观音菩萨的保护和帮助，内心便能得到极大的安慰和力量。这种人情化、世俗化的演变，也使得观音菩萨

---

[1] 张艺兵，张坤丽．中国观音造像流变原因探析［J］．中华文化论坛，2013（11）：48-50．

在人们心中的形象更加亲切和可敬。她不再只是一个高高在上的神祇，而是成了人间积德行善的楷模。观音菩萨以人间的善行善举为标准来审视和评判凡人的行为，旨在向人们传达一个深刻的道理：平凡的人要想修成正果，达到精神上的升华和解脱，必须弃恶从善，行善积德。她的教诲激励着无数信众在日常生活中努力实践善行，以期达到心灵的净化和生命的升华。

七、孙悟空

孙悟空这一经典形象的形成并非一蹴而就，而是在漫长的历史长河中逐渐积累和演变的结果。他的形象根源可以追溯到先秦时期的神话传说、诗话故事以及唐宋时期的各类小说。在这些早期的文学作品中，孙悟空的形象虽然尚未完全成型，但已经初露端倪，为后来的发展奠定了基础。到了元代，孙悟空的形象在杂剧中得到了进一步的展现。元杂剧作为一种戏剧形式，通过生动的舞台表演和丰富的故事情节，使得孙悟空的性格特征更加鲜明和具体。观众们在观看这些杂剧的过程中，逐渐对孙悟空的形象有了更为深刻的认识和理解。最终，孙悟空的形象在明代作家吴承恩所著的《西游记》中得以定型。《西游记》作为一部伟大的古典小说，不仅详细描绘了孙悟空的性格、行为和冒险经历，还赋予了他丰富的内心世界和独特的个性魅力。孙悟空在《西游记》中不仅是一个勇敢无畏、机智过人的英雄形象，更是一个具有深刻哲理和人性光辉的角色。通过吴承恩的生花妙笔，孙悟空的形象深入人心，成为中国文化中一个永恒的经典符号。

元代吴昌龄杂剧中出现了"无支祁是他姊妹"的语句，从那时起，孙悟空（行者）形象的塑造便大量借鉴了无支祁神话的元素。而据近代学者研究，吴承恩所塑造的孙悟空，不仅取材于无支祁神话，还间接受到了印度史诗《罗摩衍那》中猴王哈奴曼的影响。[1]朱洪泽认为，孙悟空的原型可以追溯到西汉传说中的南山大狸，那是传说中的一种大猿猴。[2]

西汉时期，焦延寿在《易林》中提到南山大狸的故事，而晋朝张华在《博物志》中对此加以详细描述，将其描绘为会盗取妇女的猴狸。此后，唐朝的《补江总白猿传》进一步发展了这一传说，讲述了欧阳纥率军南征，妻子被猿猴劫掠的故事。据称，欧阳纥在岭南寻找妻子时发现了洞天，救出了被劫掠的妇女，并最终合力击败了劫掠者。

宋代时，猿猴传说进一步扩展，民间开始传说唐僧西行路上的护法是一只大猴子。在《大唐三藏取经诗话》中，出现了"猴行者"的形象，可以说是《西游记》中孙悟空形象的雏形。尽管猴行者的形象还不是很丰富，但已展现出法力高强、善变的特质。书中描述猴行者初遇唐僧时，幻化成一白衣秀才，表示要助唐僧取经。在取经途中，猴行者不仅降妖除魔，还帮助唐僧，和其患难与共。这一阶段的猴行者虽然是猴精，但已具备一定的佛理修养，表现出强大的法力。护法僧的加入使得唐僧取经的故事逐渐脱离史实，开始具备神话色彩。不过，这时的猴行者仍然缺乏人性化的特质，其个性相对单一。

在元代末期，孙悟空这一形象主要被描绘为一个敢于挑战天庭权威、拥有无穷变化能力，并且致力于拯救世间苍生的英雄。他的反抗精神在"大闹天宫"的经典故事中得到了淋漓尽致的体现。孙悟空的变化能力不仅仅体现在外在形态上的千变万化，更与他作为一只猴子的天性紧密相连，展现出一种超凡脱俗的神奇力量。在拯救苍生的过程中，孙悟空不仅勇猛地降妖除魔，

---

[1] 袁珂. 中国神话史 [M]. 北京：北京联合出版社，2015.
[2] 朱洪泽. 孙悟空形象的溯源与正面化演变 [J]. 新楚文化，2022（4）：4-8.

还常常挺身而出,将处于水深火热之中的人民从危难中解救出来,表现出一种崇高的正义感和责任感。在杂剧《西游记》中,孙悟空的英勇事迹被生动地描绘出来。他不畏艰险,勇斗妖魔,成功地救回了裴太公的女儿,使得裴氏父女得以重逢,享受家庭的温暖和幸福。而在《西游记》这部伟大的史诗中,孙悟空更是承担起保护唐僧西天取经的重任,历经九九八十一难,最终功成名就,被佛祖封为"斗战胜佛",成为佛教中的护法神。吴承恩在其著作《西游记》的前七回中,巧妙地勾勒出了孙悟空这一具有反抗精神的神话英雄形象。他将孙悟空的反抗精神与战斗精神完美地融合在一起,不仅展现了古代英雄的壮志豪情,还深刻地突显了古代英雄精神的传承与发扬。这一创作使得孙悟空的形象深入人心,成为后世无数读者心中不朽的英雄,给人留下了难以磨灭的深刻印象。

第三节　国外的中国神话研究

一、日本

自从明治维新以来,日本学者们便开始对中国古代神话传说进行深入的研究和探讨。1882年,井上圆了在《东方文学艺术》上发表了《尧舜作为孔孟偶像形成的原因》一文。在这篇论文中,井上圆了详细分析了中国古代儒家思想对尧、舜这两位圣人的形象塑造所起到的重要作用。他的研究不仅揭示了儒家文化对中国神话传说的影响,还为后来的学者提供了研究的新视角和方法。井上圆了的研究成果不仅限于此,他还进一步扩展了自己的研究领域,出版了多部关于妖怪学的著作。其中最为著名的一部作品是《妖怪学讲义录》,在这本书中,井上圆了系统地整理和分析了中国古代文献中记载的各种妖怪传说,并试图从文化、宗教和社会等多个角度来解读这些神秘现象。井上圆了的研究成果不仅在学术界产生了深远的影响，还激发了更多学者对中国神话传说的兴趣。随着时间的推移，越来越多的日本学者开始关注并研究这一领域，他们的研究成果丰富了日本对中国神话传说的理解，为中日文化交流做出了重要贡献。经过这些学者的努力，日本逐渐成为中国神话研究的重要学术中心之一。

20世纪二三十年代，日本学术界对中国神话的研究表现出浓厚的兴趣和高度的活跃度。代表人物包括出石诚彦和小川琢治等。这些学者的研究主要集中在探讨中国古代历史的神话性质及其历史化过程。他们通过对古代文献的深入分析和研究，揭示了中国古代神话与历史之间的复杂关系。这些研究成果不仅丰富了中国神话研究的内容，也为理解中国古代社会和文化提供了重要的参考。

出石诚彦是一位多产的神话研究学者，他的研究主要集中在探讨中国古代神话的历史化过程。出石诚彦采用比较神话学的方法，通过对古代文献的细致梳理，分析古代绘画、雕刻等文物来追溯神话的源流，同时运用自然史的方法来探讨神话背后的现实基础，尝试将神话从后加的政治与道德解读中独立出来，揭示了中国古代神话如何逐渐被历史化，成为历史叙述的一部分。他的研究集《中国神话传说的研究》（1943）中包含了超过20篇论文，对后世的研究产生了广泛的影响。不仅为中国神话研究提供了新的思路，也为理解中国古代历史叙述的形成过程提供了重要的参考。小川琢治是一位杰出的地质学家和神话研究者，以其对中国历史地理的研究而知名。他专注于从《山海经》《穆天子传》等文献中探索各种奇异事物，通过对古代地理文献的研究，揭示中国古代神话中地理元素的分布和演变，将中国神话与古希腊、巴比伦等地的神话做比较，揭示儒家将神话转化成历史的过程。

自20世纪六七十年代起，日本对中国神话的研究步入了一个新的发展阶段。这一时期内，森安太郎、御手洗胜、白川静、林巳奈夫等学者的成就尤为显著。他们的研究工作继承了现代学术研究的传统，深入地探讨了神话背后的历史和文化渊源，为理解中国古代神话提供了更为丰富的视角和更为深刻的见解。例如，在对祝融神话形象进行深入探究的过程中，学者森安太郎通过对"融"字的音韵学分析，提出了一个颇具说服力的假设，即祝融最初象征着天降的火蛇，这一现象实际上指的是闪电。他进一步通过对祝融神话的详尽阐释，揭示了该神话背后的深层含义。森安太郎指出，祝融的形象并非仅限于火神，而是与天象和自然现象紧密相连，特别是与闪电这一自然现象有着密切的联系。与此同时，御手洗胜在探究黄帝传说时，首先论证了黄帝象征着"龙"的形象，并深入探讨了这一象征与"云"之间的联系，以及黄帝与少昊、伯益等神话人物之间的关系。御手洗胜认为，黄帝的形象不仅仅是一个神话人物，更是一个文化符号，代表了古代社会对于权力和智慧的崇拜。他还进一步追溯了这些故事的地理起源，试图揭示其背后的文化背景，认为黄帝传说的起源地可能与古代的黄河文明有着密切的联系。白川静在洪水神话的研究中，不仅将大禹等人物归类为水神，还进一步划分了他们的族系，并揭示了他们属于不同的文化系统。白川静认为，洪水神话反映了古代人类对于自然灾害的恐惧和敬畏，同时也体现了他们试图通过神话来解释和控制自然现象的愿望。林巳奈夫则通过分析殷周时期的青铜器和汉代画像石，试图验证《山海经》等古籍中的描述。林巳奈夫指出，这些古籍中的描述并非完全虚构，而是有其历史和文化的依据。这些学者的研究展示了对古代神话和文化的更深层次的探索精神，为我们理解这些古老神话提供了新的视角和思考方式。

20世纪八九十年代，日本的学术界对中国神话的研究尚未达到深入探讨神话的基本理论和学术史的阶段，而中国学术界的研究成果对日本产生了显著的影响。特别是袁珂、萧兵、潜明兹等中国学者的重要研究成果，被迅速引入日本，并翻译出版。这些研究成果不仅扩大了日本学术界的视野，也为日本学者提供了研究中国神话的重要参考。其中，《神话选译百题》一书，更是成为日本学者研究中国神话的关键参考资料。中国国内对少数民族神话的研究激发了日本学者对中国西南少数民族文化的浓厚兴趣。在中国提供的新资料支持下，君岛久子、伊藤清司、铃木健之等人推进了对古代及少数民族神话的研究，取得了显著成就。他们的研究不仅揭示了中国神话的丰富性和多样性，也为日本学术界提供了新的研究视角和方法。同时，如樱井龙彦等学者致力于实地考察，深入研究少数民族神话和《山海经》等领域，形成大量的学术成果。他们的研究不仅丰富了日本学术界的视野，也为日本学者提供了研究中国神话的重要参考。这些研究成果也大部分都发表在中国期刊上，为中日学术交流做出了重要贡献。

在八九十年代的日本学术界，对中国神话的研究不仅继承了以往的传统研究路径，而且在此基础上展现出了许多新的探索和发现。学者工藤元男通过对出土的秦简以及其他考古材料的详细解读，不仅揭示了大禹作为旅行神的鲜为人知的一面，还对大禹与四川羌族之间的历史联系提出了全新的观点。这一发现为我们理解中国古代的地理分布和民族交流提供了新的线索，极大地丰富了我们对这一领域的认识。另一位学者谷口义介则采用了历史学的方法来研究神话，他的研究工作特别强调了神话在历史发展过程中的重要作用和深远意义。他探讨了神话如何在历史叙述中反映出社会和文化的变迁，为我们理解历史与神话之间的复杂关系提供了新的视角。铁井庆纪则从文化人类学的角度出发，深入探讨了神话中的文化符号和宗教仪式是如何塑造社会结构和人类行为的。他的研究揭示了神话在文化传承和社会构建中的关键作用。同时，中钵雅量和小南一郎这两位学者则从文学的角度分析了神话故事的叙述技巧和文学价值。他们试图解析这些故事是如何影响后世的文学创作和文化认同的，从而为我们理解神话在文学和文化中的地位提供了新的见解。这些学者的工作不仅深化了对中国神话的理解，也推动了跨学科研究的发展，使得对中国古代神话的研究更加多元化和深入。

日本学者们在进行学术研究时，往往以一种细致入微的态度对待微观研究，对具体问题进行深入的剖析和探讨。他们往往特别注重实证研究，对文化背景和历史资料的把握达到了极为详细的程度，他们的分析细致入微，力求在研究中达到严谨和精确。以日本著名学者出石诚彦为例，他在进行研究时引入了自然史的方法，这种方法不仅要求广泛搜集和整理各种相关资料，还要求对相关现象进行详尽的统计和分析。出石诚彦通过制作各种图表和数据模型，旨在揭示某些神话和传说产生的现实基础和历史背景。他的这种研究方法不仅为学术界提供了新的视角，而且对后来的学者产生了深远的影响，使得他们在进行类似研究时，也更加注重实证和细节的把握。

二、欧洲

1899年，海参崴东方学院[1]建立，成为俄国培养汉学人才的重要基地。许多该校毕业生后来成为俄国著名的汉学家，19世纪末和20世纪初俄国汉学家们开始系统地研究中国神话，如潘克福、巴拉诺夫、什库尔金、马佐金等。同时，随着西方神话学的蓬勃发展和文化人类学的兴起，学者们逐渐将目光转向东方神话的研究。许多汉学家和东方学家开始将神话视为历史学、人类学、民族学等学科的基本材料，并对其进行了深入的探讨和研究。在19世纪末和20世纪初，俄国的汉学家们开始系统地研究中国神话。其中，格奥尔吉耶夫斯基教授在1892年发表了《中国人的神话观和神话》，这成为全球最早系统研究中国神话的学术著作之一。他运用了西方神话学的分类方法，对月亮、太阳、动植物、大气现象等各种神话进行了系统的研究，并提出了一系列具有开创性的观点，为后来学者的研究奠定了坚实的基础。此外，在20世纪初，马佐金等俄国学者也对中国神话进行了深入的研究。他们通过人类学和民族学的方法，探究了中国古代神话、传说以及与母权制关系的相关问题，为中国神话研究作出了重要贡献。马佐金的研究为中国图腾崇拜问题提供了坚实的基础，他的研究工作被认为是俄罗斯在中国神话研究领域的奠基性工作之一。

在20世纪六七十年代，俄罗斯汉学家们对中国古代神话的研究进入了一个更为深入和专业化的阶段。随着研究的不断推进，俄罗斯的学者们开始采用一种跨学科的研究方法，将历史学、人类学、考古学、语言学、文学等多个学科的理论与技术相结合，

---

[1] 海参崴东方学院：俄罗斯远东国立大学，是在一所位于俄罗斯符拉迪沃斯克（海参崴）的高等教育机构，是历史最悠久的大学之一。

对中国神话进行了全面而深入的分析和研究。在这一时期，俄罗斯汉学界涌现出了一批杰出的学者，其中，高尔基世界文学研究所的李福清是这一领域的领军人物之一。李福清不仅深入研究了中国古代神话，还致力于探讨中国神话与文学之间的关系，他的研究成果在国际汉学界产生了广泛的影响。另一位重要的学者是东方学研究所的杨申娜，她对中国古代神话的研究同样具有深远的意义。杨申娜不仅关注神话本身的内容和结构，还特别关注神话与中国传统文化之间的联系，她的研究为理解中国古代社会和文化提供了新的视角。东方学研究所的李谢维奇也是这一时期的重要学者之一。李谢维奇的研究重点在于中国古代神话中的宗教和哲学元素，他通过对神话文本的深入分析，揭示了中国古代神话在宗教信仰和哲学思想中的地位和作用。1965 年，李福清等翻译并出版了袁珂教授所著的《中国古代神话》一书。这本书的出版，为俄罗斯的汉学家们提供了全新的研究资料，使他们能够更深入地了解和研究中国古代神话。在该书的跋文中，李福清教授详细论证了中国古代神话并没有完全消失的观点。他深入分析了神话情节在现代小说、戏曲等各个领域中的体现，揭示了神话元素在现代社会中的传承和发展。20 世纪 80 年代以后，跨学科研究兴起，文学人类学等领域对神话学产生兴趣。李福清倡导用历史发展的眼光看待中国神话，从广义的角度揭示中国神话的本质和特点。他将中国神话分为远古神话、道教神话、佛教神话和民间神话，深刻分析它们之间的关系，他的重构中国神话体系的理论为中国神话学的研究提供了一个新的视角。进入 21 世纪后，俄罗斯的中国神话研究进入全面总结阶段，李福清继续从比较神话学角度对神话人物进行深入分析。2006—2010 年，俄罗斯科学院东方文学出版社出版了《中国精神文化大典》的六卷本，《宗教·神话》

是中国神话研究成果的结晶。

1891年,法国汉学家莱昂·戴罗斯尼发表了《山海经》的法文节译本,主要翻译了书中的神话传说与地理风貌内容,为后来的研究者提供了宝贵的资料。他的翻译工作对于推动《山海经》在国外的传播和研究具有重要意义。19—20世纪的汉学大师,包括沙畹、马伯乐、葛兰言等,也在中国上古神话研究方面作出了显著的贡献。沙畹在1895年的《史记》译注中不仅展示了对中国上古史的怀疑态度,还深入探讨了中西历史学的方法论差异。他还注意到,《汉书》与较早的《史记》在对"三皇五帝"的记载上存在差异,显示了古书越晚成书,对更古老时期的描述也越丰富。马伯乐在其著作《书经中的神话》中,运用西方神话学的理论,清晰地区分了中国的上古史与上古神话,挑战了传统上将史实与圣贤神化的观念,将这些故事重新定义为神话传说。葛兰言通过运用社会学的分析方法,对中国上古神话进行了深入的研究。他不仅关注神话故事本身,而且试图通过这些故事重现上古社会的社会结构和日常生活,为理解古代社会的文化和社会动态提供了独特的视角。

此外,英国汉学家腾尼斯是较早将中国神话与外国传说进行比较的学者之一。他不仅详细讨论了中国神话,而且首次引入了"中国神话"这一概念,为学术界提供了一个全新的研究视角。德国的《中国民间神话》更加注重对中国民间口头传说的记录和整理,它收集了来自中国各地的丰富民间故事,通过细腻的笔触和深入的剖析,展现了中国民间文化的多样性和活力。这些故事不仅生动有趣,而且蕴含着深刻的哲理和道德观念,为德国读者提供了一个独特的了解中国文化的窗口。波兰的《中国神话》等作品,以其独特的视角和深刻的见解,对中国神话进行了详尽的分类和整理,从多个角度探讨了中国神话与波兰乃至欧洲文化之间的异同和联系，在对中国神话的翻译介绍、研究分析等方面做出了重要的贡献。这些学者通过深入挖掘和比较，不仅揭示了中国神话的独特魅力，还展示了其与世界其他文化之间的联系和互动，为中国神话学的发展奠定了坚实的基础。当然，这些著作的出版和广泛传播，不仅丰富了国际学术界对中国文化的理解，也促进了不同文化之间的交流与融合。

三、美国

美国的中国神话研究历史悠久，涵盖了从古代神话的起源和演变到其在现代社会的影响。这些研究不仅探讨了神话本身的内容，也分析了神话在文化、政治和社会背景中的角色。美国学者通过比较研究、文化分析和历史方法，对中国神话进行了深入的探讨。在具体研究中，德克·博德和张光直等学者的贡献尤为突出。德克·博德的工作集中在中国古代的宗教和哲学思想，他的研究揭示了儒家思想如何影响了中国神话的发展和历史化过程。

张光直专注于人类学和考古学研究，他深入分析了中国青铜时代的文化和社会，并探讨了商周时期神话的分类和发展。他的研究揭示了神话转化为历史的三个关键途径：第一，就神话图像而言，商周时期的神话图像首先是作为财富而出现的；第二，神话宇宙论在中国古代文明中占据重要位置，统治者通过控制与天地沟通的工具垄断权力和知识；第三，通过将神话英雄历史化的叙述手法，把他们转变成历史上的文化英雄，融入历史叙述。[1] 在这三个层面上，神话不仅成为历史叙事的方式，同时也是历史叙事的一个建构性因素。

---

[1] 王倩. 神话如何进入历史：张光直神话研究述略 [J]. 中国矿业大学学报（社会科学版），2016，18（6）：45-51.

第八章

少数民族的神话

历经数千年的历史演变,中国已经发展成为一个统一的多民族的国家。习近平总书记在文化传承发展座谈会上发表的重要讲话中提到,中华文明具有突出的统一性。古往今来,众多文献记录了各种各样的民族和部落名称,这些随着时代背景而变化的称谓,展示了民族这一概念的动态性和复杂性。因此,在研究少数民族神话前,首先要明确定义我国的少数民族。根据国家统计局公布数据,2020 年,我国的少数民族人口总计达到 1.25 亿,占全国总人口的 8.89%。目前,我国的 55 个少数民族包括蒙古族、满族、朝鲜族、赫哲族、达斡尔族、鄂温克族、鄂伦春族、回族、东乡族、土族、撒拉族、保安族、裕固族、维吾尔族、哈萨克族、柯尔克孜族、锡伯族、塔吉克族、乌孜别克族、俄罗斯族、塔塔尔族、藏族、门巴族、珞巴族、羌族、彝族、白族、哈尼族、傣族、傈僳族、佤族、拉祜族、纳西族、景颇族、布朗族、阿昌族、普米族、怒族、德昂族、独龙族、基诺族、苗族、布依族、侗族、水族、仫佬族、壮族、毛南族、京族、土家族、黎族、高山族、畲族、仡佬族。"少数民族神话"主要指在这些少数民族中创作、传播并保存的神话。在界定少数民族神话时,神话的创作者和传承者通常具有可以辨认的少数民族身份。神话所反映的内容以少数民族的生产生活、地方特色为主，形式上展现出一定的民族特征[1]，例如使用民族语言或当地语言作为载体，与本民族的文化习俗相符，便可被纳入少数民族神话的范畴。在中国丰富的文化传统中，少数民族的神话占据了不可替代的珍贵位置。这些神话故事不仅代表了古老的文化遗产，而且是理解中国广袤地域和多样民族特色的关键。

中国神话的现存部分仅是整体中的一小部分，且这些片断并未形成系统。[2] 茅盾提出，中国神话可以划分为三个主要部分，即以《山海经》为代表的北方神话，以《楚辞》为代表的中部楚地神话，以盘古神话为代表的南部岭南神话，每部分都有其独特之处，但由于历史原因，这些神话大部分已遗失，仅留下零星片断。新中国成立以来，随着民族政策的不断完善和民族问题研究的逐步加强，1958年中共中央宣传部召开座谈会，会上正式提出了"少数民族文学"概念。此后，中国科学院和相关部门多次组织人员对少数民族的历史、语言和民间文学进行了深入的调查，发现了许多古老而独特的神话。与世界各国的神话，如希腊神话、北欧神话、巴比伦神话、埃及神话、印度神话等相比，这些少数民族神话毫不逊色；与汉族神话相比，它们更为丰富多彩[3]，包含了创世神话、人类起源神话、洪水神话、自然神话、物种起源神话、民族起源神话和英雄神话等多种类型。少数民族神话不仅保存了完整而丰富的叙事，而且还保持了某种群体认同的功能，表现出较高的资料价值。对中国少数民族神话的抢救、搜集、整理和出版的工作，拓宽了中国神话学者的视野，填补了中国文学史神话领域研究中的许多空白。

---

[1] 文日焕, 王宪昭. 中国少数民族神话概论 [M]. 北京：民族出版社, 2011.

[2] 茅盾. 神话研究 [M]. 天津：百花文艺出版社, 1981：139-140.

[3] 陶立璠. 民族民间文学理论基础 [M]. 北京：中央民族学院出版社, 1990.

第一节　少数民族神话的遗迹

在中国浩瀚的文化宇宙中,少数民族神话如同璀璨的星辰,散落在这片古老土地的每一个角落。这些神话不仅深植于各民族独有的生活习惯、自然观察与对宇宙的理解中,而且还承载着丰富的历史与智慧。虽然随着时间的流逝许多珍贵的神话正逐渐从我们的记忆中消失,但它们通过鲜活的故事情节、神秘的角色以及古老的传说形式,仍旧向我们展现了少数民族对宇宙起源、生命之谜以及人类命运的深层次思索和理解,描绘出一系列色彩斑斓的文化景观。

一、口头流传中的民族神话

在人类文化发展的历史长河中,未有文字记录的口头传承时代远比有文字记录的时代更为悠久。在这一时期,人们的思想、认识、经验和技能等都是通过世代口头相传的方式得以保存和延续。口头传承,作为一种古老且直接的传播手段,在少数民族的神话传递中起着关键的作用。神话通过言语的形式讲述和传授故事及知识,这种传承方式在少数民族中不仅是文化传递的一种方式,更是一种生活中的艺术形式,依靠口耳相传,一代接一代地流传下去。口传神话主要以三种形式存在。首先是巫师祭祀时的巫歌,在早期人类社会生产中,巫师承担着许多与祭神有关的活动,他们通过唱"根谱"的方式,将大量神话作为民族的史实进行讲述和演唱[1],成为最早口传神话的主角。酉阳古歌是土家族巫傩在祭祖崇拜、祈求丰产和驱邪还愿活动中吟诵或唱诵的文辞,流传于地处湘、鄂、渝、黔交界处的重庆酉阳土家族苗族自治县。酉阳古歌的源头可以追溯到上

---

[1] 文日焕,王宪昭.中国少数民族神话概论[M].北京:民族出版社,2011.

古时代的巫歌，以口耳相传方式传承，较少即兴创作，文辞固定，保存了大量的原始信息和艺术因子，其内容分为神异类和生活类。其次是民间歌手吟唱的歌谣，以哈尼族为例，大多数神话传说散存于民间，特别是作为文化传承者的摩批等的脑海中。最后是普通人讲述的民间叙事作品，《梅葛》是彝族的一部创世史诗，广泛流传在云南省楚雄彝族自治州姚安县的彝族人民中，它没有文字记载，千百年来，是靠彝族人民口耳相传保存下来。

口头流传的民族神话不仅是中国各民族文化宝库中的瑰宝，也是连接古今、沟通族群的重要桥梁。在中华民族文化发展的过程中，各民族孕育出的口头文学样式与口传神话传统是一脉相承的。这些神话通过世代传唱，不仅保存了民族的历史记忆、宇宙观念、道德观念和社会规范，而且展现了人类对于自然、社会和宇宙深邃的理解与想象。它们以其独特的艺术形式和深刻的文化内涵，反映了人类共同的心灵追求和精神世界。许多作品通过特定的群体不断传承，通过口头传诵，使中国各民族的优秀传统文化得以不断传承和发展，成为神话传承的生动体现。

二、文本记载的民族神话

在早期，神话传承主要依赖于巫术和宗教仪式，而随着社会的发展和文字的出现，神话经历了从口头传播到文字记录的转变，从而成为横跨时代的文化遗产。例如，壮族的《布洛陀》故事，在明代之前主要通过口头方式传播，在明代及之后，这些故事也开始被以古壮字形式记录，部分内容更是成为壮族民间麽教的宗教经典。

少数民族书面记载的神话资料非常丰富，《山海经·海经》记载了中国古代的地理、物产、神话等内容，其中也包含了一些与周边地区和少数民族文化相关的元素。同时，少数民族自身的文献材料也大量包含了关于神话的记载,呈现出独特的体系结构。许多民族利用自己的文字和语言记录下了本民族的神话故事,有些民族甚至保存有民间手抄本。例如,彝族的《查姆》就是一部使用彝文记录下来并广泛传播的史诗。

除了民间的记录,在少数民族官方文献中也能看到神话的身影。例如,在《满文老档》《皇清开国方略》《满洲源流考》以及《清史稿》《清鉴》等史著和典籍中,都有关于满族先世肃慎祖先的原始神话传说——"天女浴躬池"的记载。这个传说讲述了三位仙女在长白山脚下的湖泊中嬉戏时,其中一位仙女佛库仑因吞下神鹊口衔的红果而怀孕,最终生下满族先世肃慎人的祖先布库里雍顺。这一则古老神话传说反映了古肃慎人对自己部族起源的认识,显示了他们对喜鹊的图腾崇拜。此外,满族文献中还记载了许多其他与神话相关的传说,如关于海东青的传说、努尔哈赤的"乌鸦救主"传说等。这些传说不仅具有浓厚的神话色彩,还蕴含着满族人民的信仰、价值观和民族精神。

文本记载的民族神话不仅丰富了我们对古代社会的理解,也为现代社会提供了一扇窥视多元文化的窗口。这些文本成为研究民族历史、文化和艺术的不可或缺的资源,让我们得以深入理解人类共同的遗产和多样性。

三、文物中的民族神话

少数民族的神话还可以从壁画、岩画、碑文、石刻以及其他标注神话内容的文物中找寻到痕迹,它们可被视作神话的重要补充。这些文化产品有助于重新诠释一些已逝的神话,尽管有时这些解释可能是歪曲或不真实的,但它们仍对神话研究产生积极影响。

在瓦拉寺主寺大院中的一幅壁画就是这样的例子。据说，这幅壁画创作于700多年前，当时朱克曲甲帕巴活佛在一次冥想中突然脑海中浮现出了格萨尔王和他的30名大将的幻影。为了将这一场景栩栩如生地呈现出来，他特地请人绘制了这幅壁画。这幅古老的壁画生动形象地描绘了一个古代藏族部落岭国的故事。在该部落的领袖格萨尔王的带领下，他们历经千难万险，勇往直前，不惜浴血奋战，降妖伏魔、抗敌除暴、扶危救难、保卫家园，救民于水火，为民众谋福祉。

广西左江流域的岩画是一处珍贵的文化遗产，分布广泛，范围延伸200多公里。岩画通常位于临江的山崖之上，距离江面有着不等高度，"对于岩画的解读，有祖先崇拜、水神崇拜、蛙神崇拜、岩洞葬产物、狩猎生活再现说等……根据自己所掌握的材料及田野考察经验，提出花山岩画的内容，是对侗台语族死亡起源神话的肯定，它印证了壮侗语族群神话中的蛙信仰"[1]。这些岩画是对古代文明和人类生活的生动记录，也是对当地历史和文化的重要见证。这种文化观念体现在岩画中，其中与死亡有关的蛙类形象被描绘在山崖之间，表达了对死者的崇敬和期盼重生之情，展示了早期左江流域的神话，同时还栩栩如生地描绘了蛙类的特殊力量。龙州一带的壮族有"万物分工"的神话，蛙类具有沟通玉皇大帝的能力，通过传达天上的信息，帮助人类得知玉皇的试探计划，并告知人类应该在天上喊出特定的话语以表达真挚的哀悼之情。

四、民俗中的民族神话

民俗与神话紧密相连，共同构成了民族文化的深层结构。

---

[1] 李斯颖. 从侗台语跨境民族的死亡起源神话到广西左江岩画[J]. 广西民族师范学院学报，2012，29（5）：33-38.

神话为民俗提供了源泉，它们是文化传统、价值观念及世界观的原始表达，同时也是民俗活动的起源和理论基础。民俗活动，如节日庆典、传统习俗和仪式，往往根植于神话故事，通过这些生活实践，古老的神话得以在现代社会中重新演绎和传承。

在撒拉族的神话中，地震的由来被描述得既神秘又富有想象力。相传，在无边无际的大海里有一条硕大无比的大鱼，这条鱼背上驮着一头黄牛。黄牛用它的两个角顶着世界，它身上的每一根毛管理着世间各地。若人间某个地方的人犯了罪恶，黄牛便会把角上的大地移到另一只角上，于是那个地方就会发生地震。这反映了撒拉族对宇宙和自然的朴素理解。他们通过想象和创造，将地震这一自然现象与大海、大鱼、黄牛等自然元素联系起来，构建了一个独特的宇宙观。从某种程度上，也反映了撒拉族对大地的崇拜心理。他们认为大地是神圣的，需要得到人们的尊重和爱护。因此，当有小孩用脚猛力踩踏大地时，大人会阻止，说这样会弄疼大地、惹怒大地。在闽南地区，流传着指月亮会被割耳朵的传说。据说用手指月亮的人，一觉醒来都会发现耳朵多出了一道伤痕。这项禁忌最早大致可以追溯到南宋时期。道教经典《太上感应篇》中提到"唾流星，指虹霓，辄指三光，久视日月"，这些行为被视为对神明不敬。这里的"三光"指日、月、星三种天体所散发的光芒，"辄指三光"即用手指随意对着这三种天体比画。由此可见，对日月星辰的崇拜流传已久。

五、节日仪式中的民族神话

少数民族的节日中也包含了许多神话的遗迹。许多少数民族的传统节庆深植于神话传说之中。这些节日往往蕴含着对诸神的崇敬及原始的宗教崇拜，通过各种祭祀活动展现了民族对神明的信仰。这些仪式活动和事项通常与本民族的神话密切相关。神话及与神话有关的信仰和祭祀成了节日形成的推动力，有时甚至成为部分节日的主要来源之一。[1]

纳西族的祭天仪式和瑶族的盘王节是两种深刻体现各自民族文化和神话传统的节日。纳西族的祭天仪式不仅是对自然的崇拜，也是对创世神话的传承。这一仪式分为春祭和秋祭，其中春祭通常在春节期间进行，是一年中最重要的祭典，而秋祭则较为简约，通常在农历七月中旬举行。这些祭祀活动不仅仅是形式上的宗教仪式，更是纳西族人与神话之间的桥梁。在祭天仪式中，东巴祭司会诵念《祭天古歌》及其他经文，这些文本记录了纳西族的创世史诗，详细描述了文化英雄的故事和对天神的崇拜，从而使得每一代纳西族人都能从中学习到自己民族的起源和文化传统。

"盘王节"作为瑶族最为重要的传统节日之一，每年的农历十月十六日庆祝，为纪念祖先盘王而设。节日中的主要活动包括唱诵《盘王大歌》和跳长鼓舞，这些活动不仅是庆祝的形式，也是对始祖盘王生平事迹的传唱和纪念。《盘王大歌》作为一部古老的歌谣集，概括了盘王在开创、迁移、耕作、狩猎及其个人生活如恋爱和婚姻等方面的重要事迹，通过这种形式，瑶族人表达了对祖先的尊敬和对历史的怀念，同时也将文化和传统价值观代代传承。

泼水节是傣族一年中最重要的节日之一，其起源深植于傣族的一段古老的创世神话故事"七姐妹杀魔灭火"。故事讲述了天神"捧麻远冉"由于失误未能划分季节和时辰，导致天王"玛哈捧"让其沉睡十万年。由于一系列的天界争斗和误解，最终

---

[1] 王曼. 中国少数民族神话的节日仪式叙事［J］. 甘肃广播电视大学学报，2020，30（4）：11-15.

捧麻远冉被其七个女儿斩首,其首级落地即引发大火,而这场火灾无法用常规手段扑灭。在这个神话故事中,七姐妹为了扑灭由父亲首级引发的火灾,必须用清水不断地浇灭火焰,同时也象征着洗净罪孽和邪恶。因此,泼水节的庆祝方式不仅是对这段古老神话的再现,也是通过泼水这一行为象征性地冲走灾难、驱逐不幸,以及祈求新一年的吉祥和纯净。在傣族文化中,水具有极为重要的象征意义,它不仅是生命之源,也是净化和重生的媒介。因此,泼水节的庆祝活动中,泼水不仅仅是一种娱乐活动,它充满了宗教意味,是一种深层的文化表达,反映了傣族人对自然力量的敬畏和对神话传统的尊重。

随着时间的推移,泼水节已经从一个传统的宗教节日转变为集体的社会文化活动,吸引了包括傣族以外的人们参与。每年的泼水节都成为一次社区的大联欢,人们不仅在这一天通过泼水来庆祝,还通过歌舞、美食以及其他社交活动加强社区联系,展现傣族的文化魅力与热情好客。这使得泼水节不仅仅局限于传统的祭祀仪式,而是成了展现傣族文化和加强族群凝聚力的重要方式。

第二节　少数民族民间神话

在探讨民间神话的定义时,袁珂先生认为民间神话是介于神话和传说之间、具有浓厚神话色彩的传说故事。[1] 神话通常涉及宇宙的起源、神祇的活动、世界的创造以及对自然现象的解释,它们往往带有强烈的宗教色彩和象征意义,展现的是超自然力量的介入。而传说则更接近人类的社会生活,多围绕着历史人物、英雄事迹、文化遗产或某个地方的特定事件,尽管

---

[1] 袁珂. 中国神话史[M]. 北京:北京联合出版公司,2015.

传说中也可能包含神秘元素，但这些元素更多地被用来强调故事的道德、教育或娱乐价值。民间神话既具有神话的浓厚色彩，又带有传说的特征，既讲述了涉及神灵、宇宙起源或超自然力量的故事，同时又紧密关联于人类社会、历史人物或具体地理环境，它们在表达方式和内容上既能体现出神话的宏大叙事和超自然元素，也能贴近传说中的人性化和历史性特点。简而言之，民间神话是一种生活化的神话，它既有神话的神秘和超自然性，又有传说的地方性和历史性。鲁迅先生《中国小说史略》正文第二篇《神话与传说》中说道："迨神话演进，则为中枢者渐近于人性，凡所叙述，今谓之传说。传说之所道，或为神性之人，或为古英雄。"在鲁迅看来，随着神话的发展，其核心内容逐渐贴近人性化，那些叙述转化为我们今日所称的传说。这些传说讲述的，可能是具有神性的人物或古代的英雄。历史人物是民间神话的主要内容之一，在少数民族民间神话中表现为各民族的族源神话、英雄神话，逐渐演变为族源传说、英雄传说。此外，许多自然风物的传说也是通过将原本超自然的力量逐渐转化为人们能够理解的客观事物而演变来的，使其更贴近人们的生活，在各民族中以风物传说、习俗传说等形式广泛传播。因此，我们讨论的少数民族民间神话主要是带有神话色彩的民间传说。

一、民间神话的内容

1. 氏族来源神话

这类传说与原始的族源神话紧密相连。这些传说中保存的图腾意识表明关于氏族祖先的故事源自神话。随着社会的不断发展，神话的基础逐渐削弱，社会生活变得日益纷繁复杂，军事斗争、英雄业绩等重大事件引发了人们对自己历史的传扬需求。在这种情况下，传说逐渐兴盛，民间神话得以形成。例如，猕猴与岩魔女的故事，在藏族民间广为流传，是藏族民间文学的重要组成部分。相传在远古时代，有一只猕猴在西藏的山洞中修行，得到了观世音菩萨的加持和戒律。后来，一个岩魔女来到山洞中诱惑猕猴，希望与他结婚。猕猴起初拒绝了岩魔女的请求，但岩魔女以将会造成极大罪孽来威胁他。猕猴在无奈之下，前往普陀山向观世音菩萨请示。菩萨允许他们结婚，并赐予加持。猕猴与岩魔女结为夫妇后，生下了六只小猴。这些小猴秉性各不相同。后来，这些小猴逐渐繁衍成五百只，面临食物短缺的困境。观世音菩萨再次赐予他们五谷种子，使他们得以生存。随着时间的推移，这些猴子逐渐学会了直立行走和使用语言，最终变成了人类，成为这片雪域的先民。这一传说被记录在多部藏文史书中，如《西藏王统记》等。这些史书不仅详细记载了传说的内容，还对其进行了深入的解释和阐述。此外，在西藏的一些重要建筑，如布达拉宫、山南桑耶寺等的壁画上，也能看到关于这一传说的描绘。蒙古族的《化铁熔山》是关于蒙古族起源的古老传说，一定程度上表明蒙古民族的发源地在中国北部边疆的呼伦贝尔。哈萨克族关于天鹅姑娘的神话讲述了哈萨克族起源的神秘故事，体现了哈萨克族人民对天鹅的崇拜和敬畏。柯尔克孜族的《四十个姑娘》中，柯尔克孜是四十个部落的意思，将氏族来源与部落数量联系起来。总体而言，氏族或民族来源的传说在各个民族中都成为一种"口传的历史"。

2. 人物神话

这类传说以人物为中心，叙述他们的事迹和遭遇。相当一部分人物传说中的主人公是历史人物，他们在不同的时代背景下作出不同的贡献，起了进步的历史作用。人民纪念他们，敬仰他们，通过传说创作为他们树碑立传。也有一些传说对历史人物进行批评或揭露，表现了人民群众的清醒认识和严正的是非观念。例如，壮族的《岑逊王》记载了壮族古时有一位顶天立地的英雄叫岑逊，他曾开凿左江、右江、红水河及数不清的小河，治平了洪水，还教会人们耕种，使壮乡人民安居乐业。后来他又率众起义，杀土司，抗官府。皇上无可奈何，只得求助于玉帝，几经较量，才将岑逊害死。于是官兵卷土重来，百姓又遭土司压迫。人们十分怀念岑逊王，便把他作为神来祀奉。民间传说对历史上农民起义的领袖作了热情的歌颂。侗族的《吴勉》传说记载了吴勉出生时一群麻雀停在他家的屋顶上，屋子周围闪烁着红光，整个村寨弥漫着奇异的香气。吴勉携带着两个宝物降临人间，一手持书，另一手握着小鞭。长大后，他在农活上表现卓越，还精通射箭、捕鸟和弹琵琶，能唱动听的情歌。后来成为起义军的领袖，他的许多事迹化作侗族的传统风情故事[1]，包括侗族女子的发髻、信洞坎吴勉崖的起源、岭迁寨的吴勉树传说、口团寨的猪食盆来源以及信洞坎合门的传说等。

民间神话也歌颂了统治阶级中起了进步作用的历史人物。如文成公主入藏的故事，展示了她尊重民族习惯、促进各民族团结的重要举措。在集体的创作和流传中，传说作者们还把人民的智慧和力量集中在这些历史人物身上，使他们的艺术形象更加符合理想。这种艺术加工，反映了人民对历史人物的希望和期待。

在物质和文化生产中表现卓越的人物，也常常作为重要的形象得以表现。这些传说中的人物，有的是基于真实存在的历史人物，有的则是纯属虚构，但他们都在一定程度上体现了人们对英雄和奇迹的渴望。

---

[1]《中国少数民族文学作品选》编辑委员会. 中国少数民族文学作品选（第四分册）[M]. 上海：上海文艺出版社，1981.

3. 地方风物神话

在少数民族的丰富传统中，地方风物不仅是自然景观的展示，更是文化深度的体现。这些地方特色的山水、动植物以及与之相连的传说，构成了一幅幅生动的文化画卷，透过这些故事，我们能够窥见各民族独特的世界观、价值观以及与自然和谐相处的智慧。白族的《望夫云》神话早在清代初年就有文人记述。神话内容概括如下：传说中，古时有一贫困男子偶遇苍山神灵，被赋予变形为翅膀的奇特能力飞入南诏宫廷，并与一位公主结缘成婚。借助神赐的异术，男子为二人提供生活所需。不幸的是，当他试图从河东一高僧处盗取珍贵的七宝袈裟时，被僧人法力困住，终因溺水而亡。夫妻俩因此悲剧性地分离，悲痛的妻子最终因相思成疾而死去，化作云气在天空中徘徊，似在寻找亲人。这种特殊的云被称为"望夫云"或"无渡云"，一旦有人呼唤其名，便会引发飓风，让船只难以航行。后世传说中添加了男子死后化为石骡的情节。因丈夫未归，公主终因悲愤过度而亡，她的灵魂化作彩云，升至玉局峰巅。此时，狂风急起，洱海波涛汹涌，海底也因此露出石骡的真身。夫妻得以相见，彩云渐渐散去，洱海恢复平静。每年秋冬之际，相同的景象会再次出现，因此人们将这种彩云称为"望夫云"。这个神话美妙地解释了自然现象，展现了对于爱情的美好追求。

4. 习俗神话

习俗神话涵盖了关于日常生活、婚丧礼仪、节庆活动以及宗教习惯等领域的传说。在中国少数民族的口头文学中，这类传说尤为丰富且具特色。它们不仅生动地展示了各民族的生活方式，还保存了丰富的历史信息和文化遗产。

景颇族婚俗有新娘进新房前"过草桥"的传统。他们认为，小伙子和姑娘成亲时，只有过了草桥，姑娘才能变成媳妇。而这种习俗来源于景颇族的祖先、创世英雄宁贯瓦。

纳西族流传着《七星披肩的来历》的神话传说，描述了一位名为英古的女子如何拯救她的人民免遭严重旱灾。传说中，丽江坝子原本是个宁静的大湖，但一个旱魔释放了八个太阳，造成严重干旱。英古为救众生，用水鸟的羽毛编织了一件五彩斑斓的七星披肩，前往东海求助。她在东海得到龙王三太子的爱与援助，成功降雨解旱。当旱魔发现后将三太子困住，英古牺牲自己以救爱人。她的英雄行为得到了人们的纪念，她的死地被称为"英古屯"，丽江的自然地标如玉龙山、象山、狮子山和玉泉都与她的故事紧密相连。为纪念英古，当地姑娘制作七星披肩，代代相传，体现了这一故事对地区文化的深远影响。彝族妇女有戴护心帕的习俗，与流传的《护心帕的来历》的神话相关。

二、民间神话的特点

少数民族民间神话涵盖了各种元素，内容和格局多种多样。不同民族对自然、历史发展有着独特的神话表达，形成了多元的神话传承体系。虽然少数民族民间神话逐渐脱离了原始社会神话的形态，但是神话是像空气一样自由地流通，它不会因为某种形态的社会的终结便戛然而止。

1. 突出故事性

少数民族民间神话具有强烈的幻想色彩，众多的风物、习俗传说，都是以幻想构成情节，塑造人物。少数民族神话通常构建了复杂而引人入胜的情节，涉及魔法、冒险、恋爱、背叛和英雄壮举等元素。故事性较强，有曲折动人的情节，有比较合理的结构与安排，其表现的内容中社会生活的较自然现象的比重更大。许多神话故事源于真实的历史事件或人物，随着时间的推移,这些事件和人物被神化或传奇化,从神祇、英雄到普通人,每个角色都具有独特的性格和命运,通过这些角色的故事,传递着特定的道德教育意义和生活智慧,丰富了故事的层次感。故事中的冲突通常涉及人与自然、人与社会、人与神明之间的矛盾,不仅推动情节发展,还反映了民族对于自然界和社会秩序的理解。

2. 自成体系

少数民族神话不仅是文化的宝库,也是历史的见证。它们经常描绘特定历史时期的社会结构、宗教信仰和生活方式,为我们提供了理解古代社会的重要窗口。由于历史、文化和地理等原因,少数民族民间神话在各民族中以口头形式传唱,作为民族历史的一部分得以保存并传承。这些神话不仅涉及创世、人类起源、神灵谱系,还详细描绘了自然现象和动物世界,形成了一个自成体系的世界观,内容丰富,涵盖了从个人英雄至整个宇宙的诸多方面。这些神话体系严谨,细节得体,不仅体现了民族的想象力和创造力,也反映了各民族对自然界和社会的深刻理解和观察,极具研究价值。

第三节 少数民族史诗神话

"史诗"(Epic)是一种与特定民族社会历史发展和文化环境相适应的世界性文学体裁,广泛传承于世界各个民族中。黑格尔认为史诗是用韵文形式记叙对一个民族命运有着决定性影响的重大历史事件以及歌颂具有光荣业绩的民族英雄的规模宏大的风格庄严的古老文学体裁。[1] 作为一种文学载体,史诗经历了漫长的发展和演变,其形成和发展过程中,吸纳了神话、

---

[1] 黑格尔. 美学(第三卷下册)[M]. 朱光潜, 译. 北京: 商务印书馆, 2017.

传说、故事等其他民间叙事文学的精华，甚至汲取了充满抒情色彩的民歌等文学形式的成就，形成了自身独特的题材内容、艺术思维方式以及诗学等方面的体系。根据作品性质和内容，史诗可分为创世史诗和英雄史诗两种基本类型。从全球视角看，创世史诗主要出现在社会进展较缓慢、群体文化与原始宗教内涵较为丰富的民族中。相对而言，英雄史诗则常见于那些崇尚武侠精神、历史上有全民族性冲突或战争经历的民族。在中国的文化地理分布上，英雄史诗多见于北方的草原游牧民族，而创世史诗则更多集中在南方的山地农耕民族之中。根据不完全统计，中国南方的少数民族中，至少有二十几个拥有创世史诗，如壮族、彝族、苗族、白族、哈尼族、傣族、瑶族、土家族、布依族、纳西族、拉祜族、佤族、傈僳族、景颇族、侗族、布朗族、德昂族、阿昌族、怒族、基诺族、独龙族等。这些民族的创世史诗数量庞大，泛及广阔区域，形成了中国南方创世史诗群体的宏伟景象。袁珂认为创世史诗写的便全是神话，英雄史诗也是神话和历史传说的杂糅。[1] 接下来，我们将分别探讨创世史诗和英雄史诗中所呈现的神话色彩。

一、创世史诗神话

在人类文明的长河中，创世史诗神话如璀璨明珠，闪烁着古老而神秘的光辉。这些神话承载着民族的记忆和智慧，是文化传承的珍贵遗产。通过叙述神奇的起源和神秘的造物过程，创世史诗神话揭示了人类对宇宙、生命和人类自身起源的探索与思考。这一神话的诞生与原始民族的原始信仰密不可分。由于原始信仰的多样性，创造出的神话也千差万别。

---

[1] 袁珂. 中国神话史 [M]. 北京：北京联合出版公司，2015.

1. 开辟神话

开辟神话孕育于人类文明的初期，是对宇宙生成的独特理解和原始社群的天地观念的体现。在中国的少数民族神话中，关于宇宙创世的神话多种多样，其中最早被文人记录的便是盘古神话。任昉在《述异记》中记载："昔盘古氏之死也，头为四岳，目为日月，脂膏为江海，毛发为草木。秦汉间俗说：盘古氏头为东岳，腹为中岳，左臂为南岳，右臂为北岳，足为西岳。先儒说盘古泣为江河，气为风，声为雷，目瞳为电。古说盘古氏喜为晴，怒为阴。吴楚间说：盘古氏夫妻，阴阳之始也。"作为中国开辟神话的开端，盘古神话与各少数民族的开辟神话在内容上呈现出许多相似之处。布依族的史诗《开天辟地》讲述了关于宇宙起源的神话，传说很久以前，天空与大地是连在一起的，谁是最智慧之人，能将天地一分为二？谁又是最有能力之人，能将天地撑开？力嘎最为智慧，他运用巨大的斧头将天地劈开，力戛最为能干，他使用粗大的楠竹将天地撑开。力戛挖出自己的眼睛挂在天上创造太阳和月亮，他的牙齿变成了闪耀的星星，四肢化作了撑起天空的柱子，头发变成了茂密的森林，身上的虱子则变成了世间的动物。[1] 这一叙述与"盘古垂死化身"的情景相似。哈尼族的史诗《奥色密色》是流传于云南哈尼族地区的神话叙事诗，详细描述了哈尼族的创世神话、民族起源、迁徙历程以及安家立业等历史事件和传说。阿昌族的神话《遮帕麻与遮米麻》叙述了宇宙由一片混沌中诞生。在这片混沌中，遮帕麻和遮米麻分别代表天公和地母，他们共同创造了宇宙。遮帕麻负责天空的创造，包括太阳、月亮和星星，而遮米麻则用自己的体毛和身体编织大地，她的血液成了大海，

---

[1] 袁珂. 中国神话史 [M]. 北京：北京联合出版公司，2015.

她的努力使得大地和天空得以适应彼此。苗族古歌也有类似的神话故事,在一个天地尚未分离的时代,剖帕用巨斧将天地劈开,并用天锅将它们煮圆,将天顶推向高处,形成了今天我们看到的天地结构。在纳西族的《创世纪》和彝族的《阿细的先基》《勒俄特依》《梅葛》《查姆》以及拉祜族的《牡帕密帕》等,都对天地开创历史都有非常生动的描绘。从这些描绘中,我们可以看到,在人类文明的原始阶段,他们对天地万物的起源一直保持着坚韧不拔的探索精神。有时他们言之凿凿,认为天地及万物是由天神创造的;有时则传述,天地是由巨人或巨兽的尸体经过神奇变化而成;也有时干脆宣称,天地是由巨人创造的。这些巨人中既有男性也有女性,然而在原始人类的传说中,这些巨人皆被神化。

2. 人类起源神话

人类起源神话通常也出现在创世史诗中,在中国少数民族的神话中,有关人类起源的解释种类繁多。

一是卵生说。"卵生说"大致是原始人在观察飞禽和其他生物的生殖行为后得出的结论。哈尼族神话说,先祖莫元时代,地上的人争斗。慈祥的天神摩咪让神鸟下三个蛋,蛋生三个分别能当官、治病、造工具的人。侗族的人类起源神话《龟婆孵蛋》中描述了四个龟婆在水边孵蛋。第一次孵化出了一个美丽如花的姑娘松桑,第二次孵化出了一个聪明灵活的男孩松恩。松恩和松桑代表了人类的始祖,从他们开始,人类开始在世上增多,标志着人类社会的起源和发展。这种类型的神话在许多文化中都存在,通常包含着对生命、自然现象以及人类起源的象征性解释。[1]

---

[1] 陶立璠. 民族民间文学理论基础 [M]. 北京:中央民族学院出版社,1990.

二是泥土造人说。泥土造人说在许多少数民族神话中都有所提及。例如，在瑶族神话《密洛陀》中，传说最初密洛陀尝试用很多种材料来造人，但都没有成功。直到最后，她尝试使用蜂蜡，才成功地创造了人类。拉祜族神话《牡帕密帕》中，人类是由天神厄莎创造的。独龙族神话《创世纪》中描述，在远古时期，没有人类存在，是天神嘎美和嘎莎用手搓出泥土，将泥土揉成泥团，然后用泥团捏成男人"普"和女人"姆"，洪水后，兄妹占卜成婚，生九男九女，这九男九女又结婚，其中，第三子和第三女结婚后，留在了本地，成了独龙族。彝族神话《天地的来源》讲述了彝族先民对宇宙起源和天地形成的独特理解。远古时期，天地连成一片，没有白天和黑夜的区分，只有雾露一团团地翻滚着。这种混沌的状态持续了很久，直到涅侬倮佐颇（神仙之王）的出现。他召集各路神仙共同商讨如何造天和地。神话中提到神仙以及他们对自然现象的操控和塑造，反映了彝族先民对自然界的崇拜和敬畏。他们相信自然界中的一切都是由神仙所创造的，因此应该尊重和敬畏自然。

三是岩石爆人说。在南部地区的许多民族史诗中，有一种关于人类起源的神话，常常将人类的起源归结为岩爆。例如台湾高山族雅美人的《人类起源的传说》。同样，云南彝族和白族的《九隆神话》也表达了人类是从岩石中涌出的观念。独龙族神话《坛嘎朋》中描述了巨人坛嘎朋从树丫巴中出现，并通过与天神的婚姻繁衍出人类。

四是猴子变人。有关猴子变成人的说法也在一些地区的神话中流传。《西藏的观世音》中，记载了人类的祖先最初是一个由神变的猕猴和一个岩精，二者结为夫妻，生下六个猕猴。后来，父猴求得不种自收之谷，使猕猴们能够食用谷物，毛尾逐渐变短，具备言语能力，最终演化成人类。这些神话在解释人类起源时涉及猴子的进化,反映了古代文化对生命起源的独特见解。

五是葫芦出人。在很多少数民族的神话传说中,流传有"人从葫芦中诞生"的神话。例如,阿昌族的神话描述从一个葫芦中诞生了九个兄弟,在某些版本中,老大为景颇族和阿昌族的共同祖先,老二与汉族存渊源,老三与傣族相关联;基诺族的传说则提到汉族、傣族及基诺族等均源自葫芦。在佤族的《达惹嘎木造人的故事》中,记载了人类首领按照神性指示与母牛结合,生下了一个葫芦籽,种下葫芦籽,长出葫芦藤,结出来一个小山大小的葫芦,最终人类从中走出。德昂族的神话同样提到人类最初从葫芦中诞生,这些葫芦里的人外形相同,直到一位仙人帮助他们分辨出彼此的面貌。另一个德昂族的传说则讲述了最初世界上没有人类,仅有花和树存在。一天,一阵大风吹落了一百零二片树叶,这些树叶化作了人类。还有一个德昂族的神话称,在远古时代,所有民族共居于一个巨大的葫芦内,直到雷神劈开葫芦,各族人群由此分散。

二、英雄史诗神话

这类神话通常叙述英雄人物的英勇事迹,这些英雄往往体现了民族的性格和气质。他们在与自然和邪恶势力的搏斗中展现卓越的成就,为人类带来福祉,因此深受人们的敬仰和崇拜,最终被神化。各族英雄史诗中著名的有蒙古族的《江格尔》、柯尔克孜族的《玛纳斯》、维吾尔族的《乌古斯传》、布依族的《安王与祖王》等。这样的英雄神话在我国各民族中都有,他们的命运总是与本部落的命运紧密相连。例如,彝族的《英雄支格阿龙的传说》、拉祜族的《扎努扎别》,以及哈萨克族的《英雄坎德巴依》等。《格萨尔王传》是目前已知的世界上最长"活"史诗之一,整个史诗气势宏伟,色彩绚丽,介绍了格萨尔王原是天界白梵天王之子。面对下界妖魔横行，观音菩萨与天王派遣他下凡降妖。天王之子降生人间后多次遭到陷害，他十二岁时与森姜珠牡结婚，婚后凭借神力统一各部，被后世称为格萨尔王。后来，他开始南征北讨，起初是降服妖魔，随后降服多个部落，最后回归天国。

三、史诗神话的特点

1. 以现实的斗争为主要内容

史诗作为一种重要的文学体裁，常以真实的历史事件为背景，通过文学化的加工展现人类历史中的重大斗争和冲突。《格萨尔王传》所表现的是部族之间的战斗，《玛纳斯》描绘了柯尔克孜族抗击外来侵略者和邪恶势力的英雄事迹。通过史诗中的叙述，我们不仅能看到柯尔克孜族的战争历程，也能感受到他们对自由的渴望和对英雄玛纳斯的敬仰。在这些史诗中，尽管存在神话元素和非现实内容，如神的介入、超自然力量的展示等，但这些元素通常起到辅助叙事、加深主题的作用，而不是主导整个史诗的核心。

2. 以韵散结合为表达方式

史诗大部分都是用韵语演唱的，但也有些史诗除韵文演唱外，还伴有散文的说白，史诗中的神话亦是采用这样的创作形式。这种形式直接影响到一些民族的叙事诗的创作，其中散文部分一般用于叙述情节，而韵文部分除叙述情节外，主要用于抒情。如藏族的《格萨尔王传》无论分章本还是分部本，都采用韵散兼行的形式。散文作为叙事性语言，多用于情节的过渡，比较概括和简短。韵文部分以叙事带动抒情，形象感人。韵文语言还富于音乐美和节奏感，《格萨尔王传》的韵文部分，不讲究押韵，这也是藏族诗歌的特点，但十分注意音律的和谐。

3. 体现民族特色

费尔巴哈在《宗教的本质》中指出：一个人，一个民族，并非依靠一般的自然，也非依靠一般的大地，而是依靠这一块土地、这一个国度；并非依靠一般的山水，而是依靠这一处水、这一条河、这一口泉。埃及人离开埃及就不成为埃及人，印度人离开了印度就不成为印度人。无论是描绘宇宙起源的创世史诗还是赞颂历史英雄的英雄史诗，它们均由各民族用自己的语言创作而成，反映了这些民族对早期社会历史的理解和接受。这些史诗塑造了各民族的英雄形象，展现了各民族在生产生活、经济政治、文化思想、性格习俗等方面的文化特征。因此，史诗中的神话故事具有显著的民族性特征。以创世史诗为例，尽管主题为宇宙和人类的起源，不同民族却展现出各自独特的版本。例如，居住在大西南山区、以狩猎为生的彝族在其史诗《梅葛》中，视猛虎为神圣象征，认为自然界万物皆由虎变化而来。而生活在云南南部，以农耕为主的哈尼族在《奥色密色》中的故事情节和人物形象，如龙牛创世等，成为哈尼族人民的共同记忆和民族认同的重要标志。在英雄史诗中，蒙古族的《江格尔》叙述了蒙古族英雄江格尔及其战士们的抗争和建设故事，通过对英雄的征战和蒙古民众的生活描绘，反映了古蒙古族社会的生活风俗。《玛纳斯》《满斗莫日根》《乌古斯传》等也同样体现了各自民族的独特文化特征。

4. 突出历史性

史诗被视为一种在特定历史背景下产生的文学形式，其诞生与人类早期社会进展及民族发展的历史紧密相关。这些史诗记录了从创世神话到英雄传奇的历史事件，展现了社会与文化的漫长历程。史诗不仅见证了历史的发展，而且存储了古代文化的演化，描绘了人类社会早期的生活方式、文化信仰及所面临的各种挑战。例如，拉祜族的史诗《牡帕密帕》讲述了该族人如何从野蛮状态逐步进入文明，体现了从神力到人力、从采集到农耕的重大转变。侗族的《创世纪》通过讲述族内婚姻制度的发展，展现了早期社会结构和家庭形态的演变。史诗以口传神话的形式，把这些故事是真实的还是虚构的人物，都通过其行为来映射当时的社会风貌，成为该历史时期特色的象征。通过这些叙述，史诗不仅讲述了事件，而且反映了社会结构、制度和观念的历史演变，使人们能够通过神话的叙事来理解古代社会的变迁。

● **中国神话发展轴线**

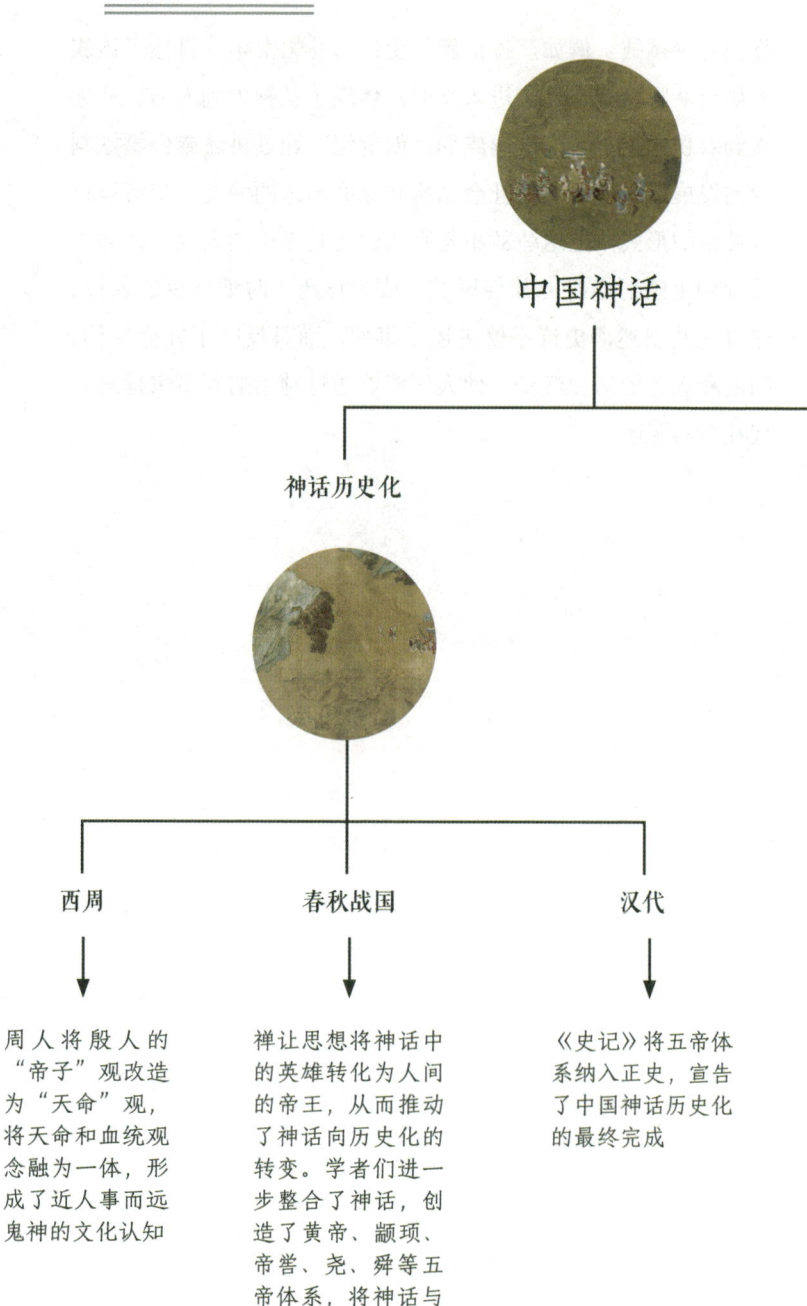

中国神话

神话历史化

西周

周人将殷人的"帝子"观改造为"天命"观，将天命和血统观念融为一体，形成了近人事而远鬼神的文化认知

春秋战国

禅让思想将神话中的英雄转化为人间的帝王，从而推动了神话向历史化的转变。学者们进一步整合了神话，创造了黄帝、颛顼、帝喾、尧、舜等五帝体系，将神话与历史融为一体

汉代

《史记》将五帝体系纳入正史，宣告了中国神话历史化的最终完成

神话向仙话演变

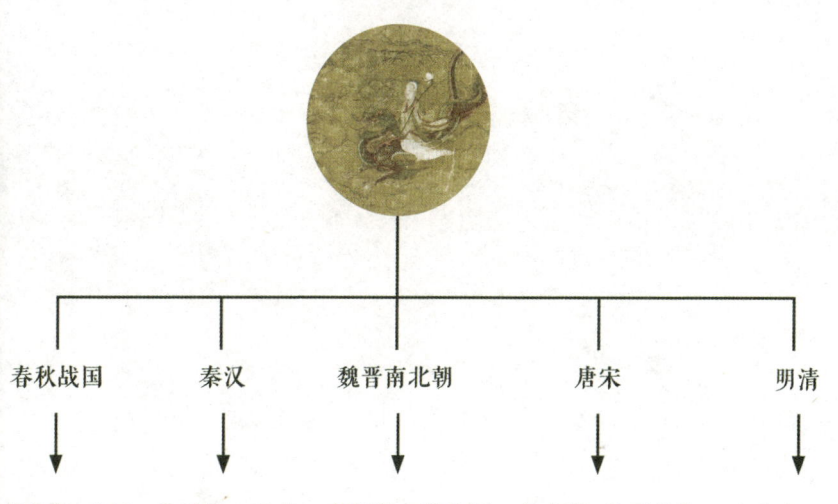

- **春秋战国** → 萌芽期。仙话萌孕于殷周时代的巫术,开始于春秋战国时代的神仙方术

- **秦汉** → 发展期。汉武帝等最高统治者与神仙方士集团进行大规模求仙活动,仙话创作逐渐繁荣

- **魏晋南北朝** → 高潮期。道教领袖进行理论革新,使神仙理念在文化和宗教领域得到了新的扩展和肯定

- **唐宋** → 完成期。仙话的数量和影响力在中国文化中达到了前所未有的高度

- **明清** → 衰落期。明初至中叶,仙话创作停滞不前。明中叶开始,仙话创作迎来复兴,直至清初。晚清后期,仙话创作彻底走向衰落

中國符號